JN012972

高配当・連続増配株投資の教科書

藤本壱

自由国民社

はじめに

　ゼロ金利時代が長く続く中で年金不安が露呈し、さらに消費税も10％に増税されました。資産を運用して増やすことが必要になっています。

　資産運用の中でも個人が行いやすい方法として、株式投資があります。

　その中の手法の１つに、堅実に「配当」を取りながら資産を増やしていく投資法があります。配当は企業が株主に利益を分配するもので、株を持ち続けていれば年に１回（銘柄によっては２回）受け取れます。

　ここ数年企業の業績が順調に伸びたことや、企業が株主還元を重視するようになったことから、全体的に配当は増えてきています。2019年３月期決算企業の配当総額は11兆6700億円で、６年連続過去最高を更新。今年９月末の中間配当も、総額４兆8700億円で過去最高。９月末時点の株主優待企業も全体の４割に当たる1500社超と、こちらも過去最高です。

　今や多少の減益となっても、配当を減らさずに維持・増配する企業が多くなっています。こうした流れを利用しない手はないでしょう。

　個別銘柄で見ても、配当利回り（預貯金の金利に相当）が３％を超えるような銘柄が多数あり、何年も連続増配している銘柄もあります。配当を取りつつ、値上がりをじっくりと待つことができる状況といえます。

　そこで本書では、配当を主な目的としつつも、値上がりも狙えるような銘柄に投資する方法を解説していきます。単純に配当利回りが高い銘柄を買えば良さそうに思えますが、配当をもらっても大きく損を出すような銘柄を選んでいてはダメです。より良い銘柄に投資して、着実に配当を得つつ値上がり益を狙うようにしていきます。

　本書をお読みの皆様が、より良い銘柄を手にされて、配当や値上がり益による資産形成を実践されるようになれば、筆者としては幸いです。

　2019年11月

　　　　　　　　　　　　　　　　　　　　　　　　　藤本　壱

CONTENTS

高配当株・連続増配株の タイプ別投資戦略

高配当株・連続増配株の 買い方と売り方

第4章
景気動向に注意しながら
中長期で考える

業種と投資テーマから見た銘柄選びの方法

2020年も期待の厳選高配当株18

高配当株・連続増配株で資産を増やす

高配当・連続増配株投資で実現する中長期の資産形成

　今の世の中、資産を自分で運用して増やしていくことが必要になっています。運用の方法はいろいろと考えられますが、その中でも有力な方法として、**高配当の株や配当が連続して増えていく株に投資する方法**が挙げられます。本書の本題に入る前に、高配当・連続増配株投資の基本的な考え方を紹介しましょう。

配当を増やす企業が増えている

　「株式投資」と聞くと、どういった方法を想像されるでしょうか？　多くの方は、「株価が上がったら売って利益を得る」ことだと思います。

　それも確かに株の一面ですが、それだけではありません。株式会社の本来の形は、投資家から集めた資金で事業を行い、その利益を投資家に分配することです。この「分配される利益」が配当です。つまり、「配当を得る」ということも、株式投資の重要な一面です。

●図0.1　企業の配当総額は増え続けている（各年3月期決算企業）

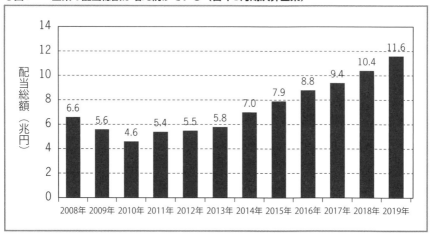

日本の企業は、かつては利益に関係なく毎年一定の配当を出す傾向がありました。しかし、外国人投資家が日本株に投資することが増え、彼らが利益還元を主張するようになったことなどから、日本企業も配当を増やしてきました。

　時事通信社の調査によると、2019年3月期決算企業の配当総額は11兆6,700億円になり、6年連続で過去最高を更新しています（図0.1）。

　また、企業はたとえ業績不振で減益になったとしても、減配して株が売られることを嫌い、**なるべく配当を下げずに維持する傾向**が続いています。

配当と値上がりのダブルで利益が得られる

　企業が成長し、売上や利益が伸びていけばそれにつれて配当が増え、株価も上昇していきます。順調に成長している企業なら、毎年のように配当が増えていき、株価もどんどん上がっていくことでしょう。

　そのような株に投資して長期的に保有し、高配当を得ながら株価が大きく上がるのを待つのが、高配当・連続増配株投資の基本です。株式投資の醍醐味を存分に味わうことができ、また資産を大きく増やすことができるのがメリットです。

株価が下がった時期は買いのチャンス

　前述のように企業は配当を増やしていますが、一方では米中貿易戦争などの影響で、業績にやや陰りが見えてもいます。そのため、本書執筆時点では、日本の株式市場は踊り場のような状況です。

　東証一部全体の値動きを示すTOPIX（東証株価指数）で見てみると、2018年1月に高値で1911.07をつけましたが、本書執筆時点では1,600台前後になっています。2018年12月には、安値で1415.55まで下がったこともありました。

　ただ、株価が下がると、その分だけ株はお買い得にもなります。同じ配当を得るのに、より少ない投資金額で済むようになります。

　株価に対する配当の割合のことを、「**配当利回り**」と呼びます。東証一部の配当利回りを平均すると、本書執筆時点では2％を超えています。

●図0.2　TOPIXと東証一部配当利回り平均の比較

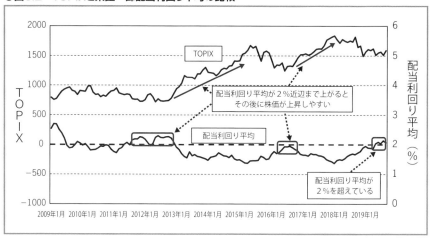

●表0.1　今期予想配当利回りが高い銘柄の例（2019年11月29日時点）

銘柄（証券コード）	株価（円）	予想配当（円）	配当利回り(%)
JT(2914)	2,494.5	154.0	6.17
インターワークス(6032)	521	30.0	5.76
ソフトバンク(9434)	1,486	85.0	5.72
FPG(7148)	1,090	60.1	5.51
KHC(1451)	781	44.0	5.63
あおぞら銀行(8304)	2,788	156.0	5.60
出光興産(5019)	2,988	160.0	5.35
THEグローバル社(3271)	473	25.0	5.29
藤商事(6257)	974	50.0	5.13
ディア・ライフ(3245)	553	28.0	5.06

　過去10年のデータで、TOPIXと配当利回りの平均を比較してみると、配当利回りが２％近辺まで上がると、その後に株価が上昇しやすい傾向が見えます（図0.2）。

　本書執筆時点でも、配当利回り平均が２％近辺にあることから、今後は株価上昇の可能性があると考えられます。また、個別銘柄でみても、JTのような配当利回りが６％を超える優良高配当株もありますし、あまり知名度のない銘柄の中にも、そういった株はあります（表0.1）。

　まさに、高配当・連続増配株投資に適した状況になっているといえます。

連続増配株に長期投資すると資産はここまで増える

　連続増配株に実際に投資したとして、資産をどのぐらい増やすことができるのでしょうか？　実際の例を元に解説しましょう。

KDDIは高配当&値上がりで10年間で約3.8倍に

　連続増配中の銘柄はいろいろありますが、中でも連続増配期間が長く、配当の額もそこそこ高い銘柄の例として、**KDDI（9433）** があります。

　KDDIは2003年3月期から増配が始まり、2019年3月期まで17期連続で増配しています。本書執筆時点では、2020年3月期も増配予定です。2002年3月期〜2019年3月期の配当の額をみると、図0.3のようになりました。本書執筆時点の直近10年間（2010年3月期〜2019年3月期）で、1株当たりの配当を合計すると、約550円になります。

●図0.3　KDDIの配当の推移（各年3月期）

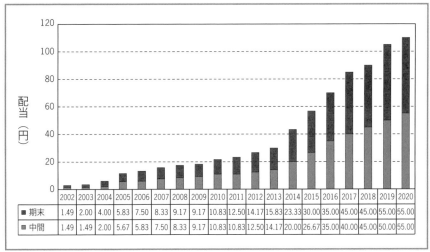

	2002	2003	2004	2005	2006	2007	2008	2009	2010	2011	2012	2013	2014	2015	2016	2017	2018	2019	2020
■ 期末	1.49	2.00	4.00	5.83	7.50	8.33	9.17	9.17	10.83	12.50	14.17	15.83	23.33	30.00	35.00	45.00	45.00	55.00	55.00
■ 中間	1.49	1.49	2.00	5.67	5.83	7.50	8.33	9.17	10.83	10.83	12.50	14.17	20.00	26.67	35.00	40.00	45.00	50.00	55.00

※株式分割を考慮して調整した額、2020年3月期期末は会社予想値

●図0.4　KDDIの株価の推移　　　　　　　　　　　　　　　　　　月足/2007.1〜2019.10

提供：ゴールデン・チャート社

　一方、2009年以降の株価の推移をみると、図0.4のようになっていました。2009年3月末の株価は約770円（株式分割を考慮した値）であったのに対し、2019年3月末の株価は2,385円でした。

　仮に、2009年3月末にKDDIを1株買ったとすると、その後の10年間で、株価は770円→2,395円で約3.11倍になりました。また、10年間の配当の合計は約550円で、購入時の株価の約0.71倍に当たります。

　したがって、値上がり益と配当を合わせると、10年間で資産は約3.82倍になった計算になります。

連続増配株は多くの銘柄がある

　KDDIのほかにも、長期間にわたって毎年増配を続けている銘柄はいくつかあります。また、毎年連続増配ではないものの、ここ10年ほど減配していない銘柄も含めると、多数あります（図0.5）。

　そのような銘柄を買って長期保有することで、資産を安定的に増やしていこうというのが、本書の基本的な投資戦略になります。

●図0.5　連続増配傾向の銘柄の例（各年3月期）

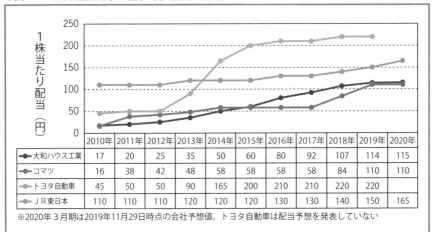

	2010年	2011年	2012年	2013年	2014年	2015年	2016年	2017年	2018年	2019年	2020年
大和ハウス工業	17	20	25	35	50	60	80	92	107	114	115
コマツ	16	38	42	48	58	58	58	58	84	110	110
トヨタ自動車	45	50	50	90	165	200	210	210	220	220	
ＪＲ東日本	110	110	110	120	120	120	130	130	140	150	165

※2020年3月期は2019年11月29日時点の会社予想値。トヨタ自動車は配当予想を発表していない

景気動向も踏まえしっかり銘柄を選別しよう

　投資する際には、「高配当を出している」「連続増配している」という理由だけで銘柄を選ぶのはリスクが高いです。第1章以降で詳しく解説していきますが、業績、財務、割安度、将来性といったさまざまな視点から企業価値を考え、さらにこれからの経済動向も踏まえてしっかりと選別することが必要です。

●緩やかな景気拡大が続いているが…

　景気は拡大と後退を繰り返します。本書執筆時点では、日本では2012年12月からの景気拡大が続いている状況です。すでに80か月を経過しており、第二次世界大戦後では最長になりました（表0.2）。

　ただ逆にいえば、これだけ景気拡大が長く続いていると、今後は景気が後退する可能性が高まっているとも考えられます。実際、本書執筆時点では、米中貿易戦争などの影響で、景気の先行きには不安がある状態です。

　株式投資では景気後退は大きなリスク要因ですので、景気のことはよく頭に入れておく必要があります。

●表0.2　日本の景気拡大期間のランキング

順位	期間	月数
1	2012年11月～	84か月（※）
2	2002年1月～2008年2月	73か月
3	1965年10月～1970年7月	57か月
4	1986年11月～1991年2月	51か月
5	1993年10月～1997年5月	43か月

※2019年11月時点

景気後退に強い高配当株を選んでおこう

　もし景気が後退したとすると、企業の業績も悪くなりますので、株式市場全体的に株価が下がっていきます。ただ、すべての銘柄が同じように下がるわけではなく、大きく下がる銘柄もあれば、あまり下がらない銘柄もあります。

　高配当株や連続増配株であれば、株価が下がったとしても、配当による利益で少しずつ損失を取り戻すことができます。そういった魅力があるので**配当を狙った買いが入りやすく、景気後退期も株価が大きくは下がりにくい傾向**があります。

　さらに、連続増配株は基本的には成長を続けている銘柄ですから、景気後退の後は、株価が反転して上昇することも期待できます。

　とはいえ、株価の下値の堅さや回復のしやすさは、銘柄によって違います。できる限り、財務面などさまざまな角度から景気後退に強い銘柄を選んでおきたいところです。

　本書の中で、高配当株・連続増配株選びで必要な知識について、順を追って解説していきます。

第 1 章

高配当株・連続増配株選びの基本

株式と配当の基本を押さえる

株と配当のしくみ

　日本をはじめとして、世界中に「株式会社」と呼ばれる会社が存在します。では、そもそも株式会社とはどのような会社なのでしょうか？また、「株式」とは何なのでしょうか？

　何らかの事業を行うには、多くの資金が必要になります。その資金を集める方法として、「銀行などから借り入れる」と「投資家から出資を募る」の２通りの方法があります。このうち、後者の「投資家から出資を募る」場合に、投資家に対して発行される証券が、株式に当たります。

　投資家は、企業に出資した見返りとして、事業から得られた利益を配分してもらう権利があります。この「事業から得られた利益の配分」が配当です（図1.1）。

　配当は、「１株当たり○○円」というように、持っている株数に応じて配分されます。例えば、１株当たり配当が10円の銘柄を1,000株持っている場合、配当の際には10円×1,000株＝１万円（税別）を受け取れます。

●図1.1　株と配当のしくみ

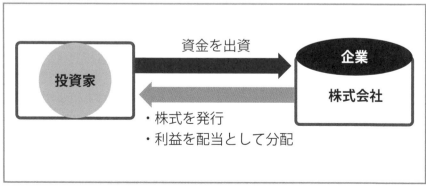

配当はいつもらえる？

株主になれば、配当をもらうことができます。

●期末時点で株主になっていることが必要

配当をもらう権利を得るには、決算期末の時点で株主になっていることが必要です。例えば、３月末が決算の場合、３月末時点で株主である人に対して、配当が支払われます。決算日（期末）に確定する配当を「**期末配当**」と呼びます。

また、企業によっては、中間決算の時点でも配当を出すところがあります。その場合、中間決算の時点で株主になっていれば配当が得られます。このような中間決算時点の配当を、「**中間配当**」と呼びます。

例えば、３月末が決算の企業の場合、中間決算は９月末になります。９月末の時点で株主になっていれば、中間配当をもらうことができます。

なお、「その日の時点で株主であれば、配当などの権利を得られる日」のことを、「**権利確定日**」と呼びます。ここまでで述べてきたように、３月31日などの期末の日が権利確定日に当たります。

●「権利付き最終日」までに株主になること

期末時点で株主になるためには、「**権利付き最終日**」までに株を買うことが必要です。

株を買ったからといって、その日に即座に株主にはなれません。株の受け渡しには日数がかかり、その日数分だけ前に株を買っておくことが必要です。権利付き最終日とは、その日に株を買っていれば、権利確定日の時点で株主になれる（＝配当をもらえる）最後の日のことです。

受け渡しの日数は徐々に短縮されてきて、2019年７月16日以降は、２営業日になりました。したがって、期末の２営業日前までに株を買っておけば、その期末の配当を受け取ることができます。

例えば、2020年１月31日が決算の企業があるとします。１月31日は金曜日で、31日の２営業日前は、29日の水曜日です。したがって、29日の水曜日が権利付き最終日で、その日にその企業の株を買っておけば、配当を得ることができます（図1.2）。

●図1.2　権利確定日と権利付き最終日の関係

●2020年1月末の場合

日	月	火	水	木	金	土
26	27	28	29 権利付き 最終日	30	31 権利確定日	1

●2020年3月末の場合

日	月	火	水	木	金	土
22	23	24	25	26	27 権利付き 最終日	28
29	30	31 権利確定日	1	2	3	4

　なお、「２営業日前」であって「２日前」ではありません。土曜日・日曜日・祝日は営業日ではなく、それらの日は除外して日数を数えますので、注意が必要です。

●配当が支払われるのにも日数がかかる

　期末配当の場合、決算を行った後に株主総会が開かれ、そこで配当についての議決が承認されると、配当が支払われます。株主総会は期末から３か月以内に開かれますので、支払いも**期末から約３か月後**となります。例えば３月末決算の銘柄の場合だと、６月下旬ごろになります。

　なお、中間配当は、**中間期末から２か月程度**で支払われます。

●権利付き最終日を過ぎると「権利落ち」がある

　預貯金の利息は日割りで計算されます。例えば、預金を始めてから10日で利息の計算日が来た場合、１年分の利息の365分の10だけ利息が付きます。一方、株式の配当には日割り計算はなく、権利確定日に株主であればその翌日に株主をやめたとしても、その期の配当は全額もらえます。

　ならば、権利付き最終日に買って翌日に売れば、配当だけ手に入ってお得なのでは？　と思われるかもしれませんが、そううまくはいきません。

権利付き最終日の翌日になると、配当をもらえなくなる分だけ株の価値が下がると考えられます。そのため、配当とほぼ同額だけ株価が下がります。これを「**権利落ち**」または「配当落ち」と呼びます。

　例えば、1株当たり配当が10円の銘柄の場合、権利付き最終日の翌日になると、株価が10円前後下がります。

　なお、株価はさまざまな要因で変化しますので、株価が配当額分ぴったり下がるとは限らず、あまり下がらないこともあれば、配当額を超えて大きく下がることもあります。

配当はどうやって受け取る?

　現在では、配当の受け取り方は以下のように4通りあります。

●表1.1　配当金の受領方法

方　式	しくみ
①株式数比例配分方式	配当を証券会社の口座に入金してもらう
②登録配当金受領口座方式	配当を特定の預貯金の口座に振り込んでもらう。複数の銘柄を持っていても、すべて同じ口座に振り込まれる
③個別銘柄指定方式	②と同様に配当は預貯金の口座に振り込まれるが、銘柄ごとに振込先口座を変えることができる
④配当金領収書方式	配当額が書かれた「配当金領収書」が自宅に郵送され、郵便局などの窓口に持っていくと、配当を現金で受け取ることができる

　上記の4つの方式の中で、基本的には①の株式数比例配分方式を使います。第3章の131ページで非課税口座のNISAを紹介しますが、NISAで配当を非課税で受け取るには、株式数比例配分方式を使うことが必要です。

　なお、複数の証券会社に口座を持っている場合、その中のどこか1社で株式数比例配分方式か登録配当金受領口座方式の手続きをすると、他の証券会社も同じ手続きをしたことになります。

高配当を継続している銘柄を選ぶ

　本書ではこれから「高配当株」や「連続増配株」について解説していきますが、そもそもそれはどのような銘柄でしょうか？

本書で取り上げる高配当株・連続増配株とは？

　本書では、以下のような条件を極力満たすような銘柄を投資対象として考えていきます。

条件①：毎年増配しているか、または減配していない（長期的に増配傾向）

　連続増配株は、基本的には「毎年配当が増え続けている（増配している）株」と考えます。ただ、そこまで限定すると、投資対象の銘柄がかなり少なくなってしまいます。そこで、毎年増配している銘柄だけでなく、減配していない銘柄も対象とします（配当据え置きの年があっても良い）。

条件②：売上や利益が順調に伸びている

　増配傾向を維持していくためには、売上や利益が順調に伸びていることが必要です。毎年増収増益が理想ですが、それに限定すると対象銘柄がかなり少なくなりますので、減収や減益が一部入っていても良いということにします。

条件③：現状の配当利回りがなるべく高い

　この後で述べますが、今期の配当利回り（今期予想値）がなるべく高い（３％以上）ことも条件とします。ただし、成長中の銘柄で、現時点の配当利回りがそれほど高くなくても、将来的に配当が大きく伸びて配当利回りが高くなりそうな銘柄ならOKとします。配当を重視しているかどうかは、配当性向も参考となります。

条件④：業績や財務から見て割安である

　割安であれば株価が上昇する可能性があり、また下落しにくいので、なるべく割安であることも条件とします。

条件⑤：株主への利益還元に積極的である

　配当は株主への利益還元の一種ですが、その他の利益還元（自社株買い）などもあり、それらの利益還元にも積極的であれば、今後も増配しやすいと思われます。株主優待も、企業の株主政策を見る上で参考となります。

配当が高い銘柄が望ましい

　例えば、銘柄Aと銘柄Bの2つがあって、株価がどちらも1,000円だとします。一方、配当は銘柄Aが10円、銘柄Bが50円だとします。この場合同じ株価にも関わらず、銘柄Aより銘柄Bの方が配当が高いので、より魅力的だと考えられます。

　したがって、高配当・連続増配株投資では、「配当が増え続けている（**増配**）」ということはもちろん望ましいですが、「株価に対して配当が高い」ということも重要なポイントになります。

配当の良さを表す「配当利回り」

　配当が高いかどうかを判断する際には、「**配当利回り**」という指標を使います。配当利回りは、株価に対する配当の割合を示す値で、以下のように計算します。

配当利回り＝1株当たり配当÷株価

　例えば、1株当たり配当が年30円で、株価が1,000円の銘柄の場合だと、配当利回り＝30円÷1,000円＝0.03＝3％となります。

　配当利回りが高いほど、株価の割に配当が高いことになりますので、投資対象としてより魅力的だと考えることができます。

　なお、株式投資は将来を見越して行う投資なので、配当利回りは配当として今期予想値を使って計算することが一般的です。これを「**予想配当利回り**」といいます。前期の確定した配当を使って計算した値は、「実績配当利回り」といいます。

●表1.2　東証一部の高配当銘柄の例（2019年11月25日時点）

銘柄（証券コード）	株価（円）	予想配当（円）	配当利回り（%）
JT（2914）	2,480	154	6.21
インターワークス（6032）	517	30	5.80
ソフトバンク（9434）	1,498	85	5.67
あおぞら銀行（8304）	2,809	156	5.55
出光興産（5019）	3,005	160	5.32
丸文（7537）	577	30	5.20
日本ピストンリング（6461）	1,466	75	5.12
明和地所（8869）	589	30	5.09
FPG（7148）	1,192	60.1	5.04
フージャースホールディングス（3284）	702	35	4.99

配当利回りが高い銘柄が多数ある

　日本では低金利が続いていて、預貯金の金利はほとんど0ですが、配当利回りは市場全体の平均でも年2％程度あります。

　しばらくの間景気拡大が続いてきたことや、企業が株主を重視する傾向を強めてきたことから、ここ数年は増配する企業が多くなっています。そのため、市場全体的に配当利回りが高い銘柄が増えていて、平均値も上がっていますし、もっと高い銘柄も多くあります（表1.2）。本書執筆時点では、東証一部銘柄の約3割が配当利回り3％以上、約1割が4％以上となっています。

　配当利回りが高い銘柄は、ネット証券や投資情報サイトのスクリーニングの機能で簡単に検索できます。

配当性向も考慮する

　配当利回りとともに「**配当性向**」も確認しておきたい指標です。

　配当性向とは、1株当たり利益（詳しくは30ページ参照）に対する配当の割合のことで、式で表すと以下のようになります。

配当性向＝1株当たり配当÷1株当たり利益

例えば、1株当たりの利益と配当が、それぞれ50円／20円の銘柄がある
とします。この銘柄の配当性向は、配当性向＝20円÷50円＝0.4＝40％と
なります。

　配当性向が低い銘柄は、利益が出ているにも関わらず配当をあまり出し
ていないことを意味します。逆に、**配当性向が高い銘柄は株主還元に積極
的で、利益の大半を配当として還元している**ことになります。

　配当を主目的に銘柄を選ぶなら、一見すると配当性向が高い方が良いよ
うに思えるかもしれませんが、そう一概にはいえません。

　例えば、若い企業でまだまだ伸び盛りの場合だと、利益を配当せずに投
資に振り向けることが多いので、配当性向は低くなるのが一般的です。逆
に、成熟産業で成長があまり望めない企業は、投資家に株を買ってもらう
ためにも利益の多くを配当に回す傾向があり、配当性向は高めになります。

　市場全体でみると、配当性向が20％～40％程度の企業が多くなってい
ます（図1.3）。

●図1.3　東証一部銘柄の配当性向の分布（2019年3月期決算企業）

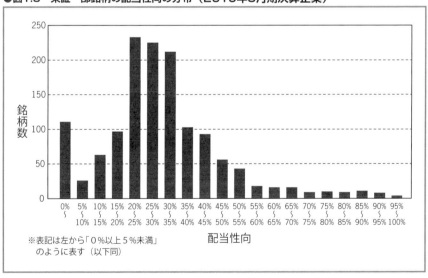

※表記は左から「0％以上5％未満」
のように表す（以下同）

1-3

売上と利益が伸びている銘柄が高配当を出せる

配当は利益に連動する

18ページで述べたように、株式会社は事業を行って利益を出し、その利益を投資家に分配する会社です。つまり配当の原資は利益です。基本的には、利益が増えれば配当も増えます。

「利益」と一言でいってもいくつかの種類があります（詳しくは後述）。その中で、配当と密接に関係する利益は「１株当たり当期純利益」です。略して「１株当たり利益」や「１株益」ともいいます。

税金を引いた後の最終的な利益を「税引後当期純利益」と呼び、それを発行済み株式数で割った額が、「**１株当たり当期純利益**」です。英語では「Earnings Per Share」で、「**EPS**」と略します。

●配当はEPSに比例する

原則として、１株当たりの配当は１株当たり利益から支払われます。例えば、１株当たり利益が100円の銘柄の場合、１株当たりの配当が100円を超えることはあまりありません。

このように、配当は１株当たり利益に比例しますので、**１株当たり利益が多く、なおかつ毎年増えているような銘柄が高配当や連続増配株になりやすい**といえます。

例えば、**三菱UFJリース（8593）**は、国内外の各種リース事業やレンタル、中古機器の販売などを行っている大手企業ですが、2000年３月期以降20期連続増配していて、2020年３月期も増配する予定です。2010年以降の１株当たり当期純利益と配当を比較してみると、１株当たり当期純利益もほぼ毎年増加していることがわかります（図1.4）。

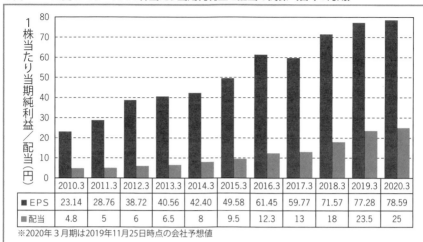

●図1.4　三菱UFJリースの1株当たり当期純利益と配当の関係（各年3月期）

	2010.3	2011.3	2012.3	2013.3	2014.3	2015.3	2016.3	2017.3	2018.3	2019.3	2020.3
■EPS	23.14	28.76	38.72	40.56	42.40	49.58	61.45	59.77	71.57	77.28	78.59
■配当	4.8	5	6	6.5	8	9.5	12.3	13	18	23.5	25

※2020年3月期は2019年11月25日時点の会社予想値

株価も利益に連動する

　利益は配当だけでなく、株価とも密接に関連していて、「**1株当たり利益が多い銘柄ほど、株価も高くなる**」という傾向があります。

　例えば、1株当たり利益が10円の銘柄Aと100円の銘柄Bがあるとします。この場合、どちらの銘柄の価値が高いといえるでしょうか？

　配当は1株当たり利益から出ますので、銘柄Aと銘柄Bとでは、1株当たり利益が多い銘柄Bの方が、配当も高くなると考えられます。したがって、1株当たり利益が多い銘柄ほど価値が高くて買われやすく、株価も高くなるといえます。

　実際に、1株当たり利益と株価の関係を調べると、銘柄による差はあるものの、1株当たり利益が高い銘柄ほど株価が高くなる傾向があります。

利益は売上から生まれる

　企業はさまざまな事業活動で収益を上げ、一方で仕入や人件費などのさまざまな費用を支払います。利益は収益と費用の差額なので、一般に収益が大きくなるほど利益も大きくなります。つまり、収益が大きいほど配当も高くなりやすいと考えられます。

収益にはいくつかの種類があり、その大半は「**売上**」が占めます。売上は企業の本業によって得られる収益です。例えば、小売業なら商品を販売するのが本業なので、販売で得られるお金が売上に当たります。

基本的に、売上が増えれば利益も増えやすく、売上が順調に伸びている銘柄は投資対象の候補と考えられます。

高配当・連続増配株投資を行う場合も、「**売上が伸び、それに伴って1株当たり利益も伸びている**」銘柄を選ぶのが最も基本な考え方になります。

利益の内容や質をチェックする

利益の伸びに加えて、その内容や質について確認することも必要です。場合によっては、「見せかけの利益」を出していることもあり、そのような銘柄は投資対象から除外しなければなりません。

利益は段階的に、5種類の利益があります。順を追って各利益を見ていって、見せかけの利益でないかどうかを確かめる必要があります。

●売上総利益

以下の式で求めます。売上総利益は「粗利益」とも呼ばれます。

売上総利益＝売上－売上原価

売上原価とは、商品やサービスを用意するのにかかったお金のことです。例えば小売業だと、商品を仕入れるのにかかった費用が当たります。

●営業利益

営業利益は、企業の本業で得られた利益を表すものです。以下の式で求めます。

営業利益＝売上総利益－販売費および一般管理費

「販売費および一般管理費」とは、企業の営業上でかかるさまざまな費用のことです。営業部門の社員の給料などの人件費や、出張旅費や通信費などの管理費、また広告宣伝費用などの販売費があります。

営業利益が赤字の場合、本業がうまくいっていないと考えられます。そのような銘柄だと、配当も出なかったり、出ても額が減っていったりしま

すので、投資対象にはあまり向いていないといえます。

●経常利益

　経常利益は、企業の経常的な（＝通常の）活動で得られた利益を表します。以下の式で求めます。

経常利益＝営業利益＋営業外収益－営業外費用

　営業外収益とは、本業以外で得られた収益を指します。例えば、他社にお金を貸してその利息を得た場合、それは営業外収益に分類します。

　また、**営業外費用**は、本業以外で支払った費用を指します。例えば、銀行からの借入金に対する利息などが、営業外費用に当たります。

　経常利益は通常状態での企業の利益であり、順調に伸びるのが望ましいため、注目すべきものです。

　なお、営業外収益／営業外費用ともに、営業利益と比較するとそれほど大きな額にはなりません。そのため経常利益と営業利益には、あまり大きな差は出ない傾向があります。

　逆にいうと、経常利益と営業利益が大きく違う企業の場合は、営業外収益／営業外費用の内容を調べてみた方が良いでしょう。

●税引前当期純利益

　税引前当期純利益は、以下の式で求められます。

税引前当期純利益＝経常利益＋特別利益－特別損失

　企業が事業を行う上で、ある1年だけ発生する利益や損失があります。それを「**特別利益**」「**特別損失**」と呼びます。税引前当期純利益は、それらを考慮した利益に当たります。

　例えば、地震や台風などの災害で工場が被災して、復旧に多額の費用がかかったとしましょう。このようなことは毎年起こることではないので、この費用は特別損失として計上します。

●税引後当期純利益と1株当たり当期純利益

　税引後当期純利益は、税引前当期純利益から税金を引いて求められる利益です。

税引後当期純利益＝税引前当期純利益－法人税など

そして、1株当たり当期純利益は、税引後当期純利益を発行済み株式数で割って求められます。前述したように、1株当たり当期純利益は配当や株価に大きく影響します。

ここまでの利益を求める手順を図で表すと、図1.5のようになります。

●図1.5　各利益を求める手順

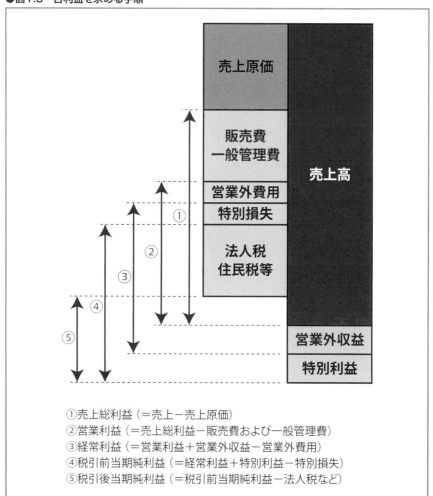

①売上総利益（＝売上－売上原価）
②営業利益（＝売上総利益－販売費および一般管理費）
③経常利益（＝営業利益＋営業外収益－営業外費用）
④税引前当期純利益（＝経常利益＋特別利益－特別損失）
⑤税引後当期純利益（＝税引前当期純利益－法人税など）

●特別利益／特別損失の影響に注意する

　特別利益と特別損失は、場合によっては額がかなり大きくなることがあります。そうなると経常利益と税引前当期純利益に大きな差が出ます。

　また、１株当たり当期純利益は特別利益と特別損失を加味した後で求めますから、１株当たり当期純利益にも大きな影響が出ることになります。

　例えば、特別利益の影響で、１株当たり当期純利益が普段の年の２倍になったとしましょう。一見すると「利益倍増」で非常に良いように見えますが、翌年には特別利益の影響がなくなり、例年通りの利益に戻りますので、良いことだとはいい切れません。

　逆に、特別損失の影響で、１株当たり当期純利益が大幅減になったとします。これは悪いことに見えますが、翌年には特別損失の影響がなくなるので、極端に悪いとはいえない状況です。

　このように、**特別利益や特別損失があると、１株当たり当期純利益が例年とは違ってきますので注意**が必要です。

　また、経常利益であれば特別利益や特別損失を考慮する前の利益なので、経常利益も合わせてチェックするべきです。

長期間にわたる傾向を調べる

　売上や利益は、直近の情報だけでは不十分です。すでに述べてきたように、売上や利益が「伸びているかどうか」が重要です。それも、昨年と比べてだけではなく、「**長期的に伸びる傾向であるかどうか**」がポイントです。

　増配を続けるには売上や利益が増え続けていくことが必要で、これが伸びないのに配当を増やそうとしても、いずれ限界が訪れます。

　そこで、直近の情報だけでなく過去５〜10年程度の情報を見て、売上や利益が伸びる傾向であるかどうかを確認するようにします。ネット証券だと10年までは難しいですが、パソコン用ソフトの「会社四季報CD-ROM」なら過去10年のデータを見ることができます。

会計基準の違いに注意する

　個々の企業は定期的に決算を行って財務諸表を作成しますが、その際の

決まり（会計基準）は１つではありません。企業によって、採用している会計基準に違いがありますので、財務諸表を見る際にはその点にも注意することが必要です。

●4つの会計基準

本書執筆時点では、「**日本会計基準**」「**米国会計基準**」「**IFRS**」「**JMIS**」の４通りの会計基準があります。

これらの中では、日本会計基準を採用している企業が多いです。名前の通り、日本独自の会計基準です。1949年に制定されましたが、現在では国際的な会計基準になるべく合わせるように改訂されています。

米国会計基準は、アメリカの会計基準です。アメリカの証券取引所に上場する銘柄は、米国会計基準で財務諸表を作成する義務があります。トヨタ自動車（7203）やソニー（6758）など、国際的な大企業では米国会計基準を採用しているところがあります。

IFRSは「International Financial Reporting Standards」の略で、日本語では「**国際会計基準**」と呼びます。EU（ヨーロッパ連合）内で上場している企業は、IFRSで財務諸表を作成することが義務付けられています。このところ、日本の企業の中にもIFRSを採用するところが増えつつあります。

また、JMISは「Japan's Modified International Standards」の略で、IFRSを日本向けに一部修正したものです。ただし、本書執筆時点では、上場企業でJMISを採用しているところはありません。

日本基準とその他の基準との大きな違いとして、経常利益の扱いがあります。日本基準では損益計算書に経常利益が出ますが、米国会計基準やIFRSには経常利益の項目はありません。一般的な企業では、営業利益と経常利益には大きな差はありませんが、一部の企業では差があります。

差がある企業がIFRSに移行した場合、差の部分がわかりづらくなり、損益計算書を注意深く見ることが必要になります。

1-4

財務健全性と
企業規模を見る

財務状況を表す貸借対照表

　企業は毎年決算を行って財務諸表を発表しますが、その中の1つに「貸借対照表」があります。貸借対照表は企業の財務状況を表すもので、銘柄を選ぶ際に重要です。英語では「Balance Sheet」と呼び、「B/S」と略することが一般的です。

　貸借対照表は、大きく**「資産」「負債」「純資産」**の3つの部分に分かれます。資産は企業が保有している現金・土地・工場などを表します。一方、負債は銀行からの借り入れなど、いずれは他人に返す必要があるものを指します。また、純資産は資本金などから構成され、企業が存続する限りは誰かに返す必要がないものです。

　そして、資産の合計額は、負債と純資産の合計額と一致します（図1.6）。

●図1.6　貸借対照表の基本

資産 （現金、預金 土地、建物 機械など）	負債 （借入金など）
	純資産 （資本金など）

株価に影響を与える「1株当たり純資産」

　仮に企業が解散する場合、資産をすべて売却して現金化し、負債をすべて返済して残ったお金を株主で分配します。

資産から負債を引いた残りは純資産ですので、純資産は株主のものだと考えることができます。また、仮に純資産を分配する場合、株数に応じて株主に分配しますので、「1株当たりの純資産」が多いほど、分配される金額が多くなります。

　このようなことから、1株当たり純資産は株価にある程度影響を与えることになります。基本的には、1株当たり純資産が多い銘柄ほど、株価も高くなる傾向があります。

　ただし、1株当たり利益と比べると、1株当たり純資産が株価に与える影響はそれほど大きくない傾向があります。

　なお、1株当たり純資産は、純資産を発行済み株式数で割って求めます。英語では「Book-value Per Share」と呼び、「**BPS**」と略します。

自己資本比率が高い方が財務的に安定している

　貸借対照表から求められる投資指標は、多数存在します。その中で、自己資本比率は、**資産に対する「自己資本」の割合**を表します。自己資本は純資産とほぼ同じなので、資産に対する純資産の割合と考えることができます。

　例えば、資産が1,000億円で純資産が600億円の企業があるとします。この企業の自己資本比率は、自己資本と純資産がほぼ同じであるとすれば、以下のように求めることができます。

自己資本比率＝600億円÷1,000億円＝0.6＝60％

　前述のように、純資産は企業が存続する限りは誰かに返す必要はありません。一方、負債はいずれ返済しなければなりません。そのため資産の中で純資産が占める割合が高い方が、財務的に安定しています（図1.7）。一般に、自己資本比率は40％以上あれば倒産しにくいとされています。

　ただ、業種によって自己資本比率には違いがあります。例えば、電力会社は大型の設備投資が必要で借り入れが多いので、自己資本比率は全体的に低くなっています。単純に高いかどうかを見るだけでなく、同業他社と比較してみることも必要です。

●図1.7　自己資本比率が高い方が財務的に安定

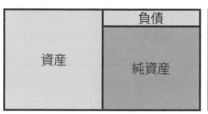

自己資本比率が高い企業	自己資本比率が低い企業

負債の割合が低い
＝財務的に安定

負債の割合が高い
＝財務的に弱い

●表1.3　自己資本比率と今期予想配当利回りがともに高い銘柄の例（2019年11月25日時点）

銘柄（証券コード）	自己資本比率 （%）	株価 （円）	予想配当 （円）	配当利回り （%）
日水製薬（4550）	91.4	1,312	40	3.05
マブチモーター（6592）	91.1	4,415	135	3.06
蔵王産業（9986）	86.7	1,470	61	4.15
マースグループHD（6419）	86.5	2,004	80	3.99
アツギ（3529）	86.4	816	30	3.68
東陽テクニカ（8151）	86.1	1,137	38	3.34
キング（8118）	85.7	540	20	3.70
日本高純度化学（4973）	85.6	2,660	80	3.01
プロシップ（3763）	84.8	1,342	45	3.35
インターワークス（6032）	84.6	517	30	5.80

時価総額がある程度大きい方が良い

　発行済み株式数と株価を掛け算した額のことを、「**時価総額**」と呼びます。
例えば、株価が1,000円で、発行済み株式数が1億株の企業の場合だと、時
価総額は以下のように1,000億円になります。

時価総額＝発行済み株式数×株価＝1億株×1,000円＝1,000億円

●表1.4　東証一部企業の時価総額ランキング（2019年11月25日時点）

銘柄（証券コード）	株価（円）	発行済み 株式数（万株）	時価総額（億円）
トヨタ自動車（7203）	7,729	326,300	252,198
日本電信電話（9432）	5,529	195,039	107,837
NTTドコモ（9437）	2,999	333,523	100,024
キーエンス（6861）	37,480	24,321	91,154
ソフトバンクグループ（9984）	4,248	208,981	88,775
ソニー（6758）	6,713	127,204	85,410
三菱UFJフィナンシャル・ グループ（8306）	577.2	1,366,777	78,890
KDDI（9433）	3,156	235,537	74,336
ソフトバンク（9434）	1,498	478,715	71,711
ファーストリテイリング（9983）	66,530	10,607	70,571

　時価総額は、仮にその企業の株をすべて買うとした場合に必要な額に当たります。株価の変動要因はいろいろですが、「**需給**」もその1つです。その銘柄を買いたい人が多くなるほど、株価は上がりやすくなります。

　ただ、時価総額が大きな銘柄になるほど、株価を動かすには大きな需要が必要になります（表1.4）。逆にいえば、**時価総額が大きい銘柄は株価が変動しにくい**と考えられます。

　高配当株は中長期投資が前提ですが、株価が変動しやすい銘柄は落ち着いて保有しがたいという難点があります。この点から、時価総額がある程度大きな銘柄に投資する方が無難だといえます。

　なお、東証一部では、時価総額の大きさと売買の多さから、銘柄を「**大型株**」「**中型株**」「**小型株**」の3種類に分類しています。上位100銘柄が大型株、その次の400銘柄が中型株で、残りが小型株です。

外国人株主比率が高い方が配当重視になりやすい

　かつての日本の企業は、利益に関係なく毎年一定の配当を出す傾向がありました。しかし、外国人株主が増えてきたことで、企業の配当政策が変化してきました。

　外国人株主は、企業に対してはっきりと要求を出す傾向があります。要

求の1つに「配当で株主に利益を還元しろ」というのがあります。外国人株主が多くなるほど、企業はその声を無視できなくなり、配当が上がってきたといえます。

このような背景を考えると、外国人株主の比率が高い企業の方が、配当重視と考えられ、高配当・連続増配になりやすいのではないかと思われます（表1.5）。

ただ、外国人株主の比率が高くても、一般の外国人投資家ではなく、外国にある親会社が大半を占めているというケースもあります。例えば、表1.5の1位の**シャープ（6753）**は外国人株主の比率が高いですが、その大半は親会社である台湾の鴻海精密工業とそのグループ会社が持っていて、一般の外国人投資家の割合は高くありません。

このような企業だと、「投資家からの圧力で配当が上がる」という形には、あまりならないと考えられます。外国人株主比率だけではなく、その中身も見ることが必要です。

●表1.5　外国人株主が多い銘柄の例（2019年3月期決算時点）

銘柄（証券コード）	外国人持ち株比率（%）
シャープ（6753）	67.6
HOYA（7741）	63.5
日産自動車（7201）	61.1
ミスミグループ本社（9962）	60.2
イントラスト（7191）	58.3
SMC（6273）	57.6
ティアック（6803）	56.3
ソニー（6758）	56.0
新生銀行（8303）	55.0
大東建託（1878）	52.6

業績や財務から
割安度を見る

株の割安度とは?

　株価とは基本的には、企業の持つ「価値」が反映されると考えられます。「利益」「配当」「財務内容」など、企業価値に当たるものはいくつかあり、それらによって株価がある程度決まります。

　ただ、価値が比較的高いと思われるにも関わらず、株価があまり高くない銘柄が存在します。そのような状態のことを、「**割安**」と呼んでいます。

　例えば、業績や財務はそこそこ良くても、知名度が低い銘柄だと売買する人が少なく、割安な状態になっていることがあります。

　割安な状態の銘柄は、多くの人に割安であることが認識されると、人気化して、妥当な水準まで（あるいはそれを超えて）株価が上がります（図1.8）。それを見越して買っておくのも、株式投資の1つの手法です。

●図1.8　割安株は広く投資家に知られると株価が上がる

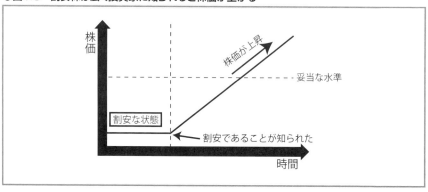

利益から割安度を判断するPER

　株価の割安度を判断する最もポピュラーな指標として、「**PER**」があり

ます。PERは「Price Earnings Ratio」の略で、日本語では「**株価収益率**」と呼びます。PERは以下のようにして求めます。単位は「倍」です。

PER＝株価÷１株当たり当期純利益（EPS）

　例えば、株価が1,000円でEPSが50円の銘柄の場合だと、PER＝1,000円÷50円＝20倍となります。

　基本的には、EPSが高ければ株価も高くなります。逆にいえば、EPSが高いのに株価があまり高くない銘柄は、PERが低い値になります。

　例えば、図1.9のように２つの銘柄ＡとＢの株価が500円と1,000円だとすると、銘柄Ａの方が低PERで割安だと考えるわけです。

　ただ、「PERが○○倍以下なら割安」といった明確な基準はありません。市場全体の好調／不調などによって、PERの水準は変化します。そこで、PERの市場平均と比較したり、同業他社のPERと比較したりして、割安かどうかを判断するようにします。

　本書執筆時点だと、東証一部の連結PERの平均は約15倍でした。また、2019年11月25日時点の東証一部銘柄の連結PERの分布を調べてみると、図1.10のようになっていました。12倍前後の銘柄が多いことがわかります。

●図1.9　PERが低い銘柄の方が割安

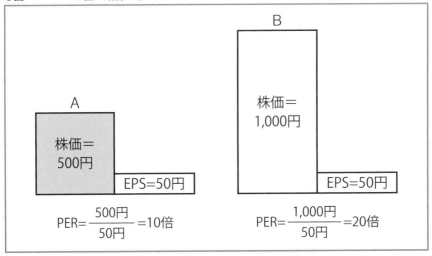

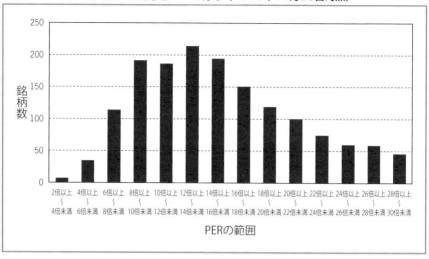

●図1.10　東証一部銘柄の連結予想PERの分布（2019年11月25日時点）

PERの範囲

ちなみに、市場全体のPERの平均や、業種ごとのPERの平均は、**東京証券取引所**のホームページで１カ月毎に公開されています。アドレスは以下の通りです。

https://www.jpx.co.jp/markets/statistics-equities/misc/04.html

財務から割安度を判断するPBR

割安度を判断するもう１つの指標として、「**PBR**」があります。「Price Book-value Ratio」の略で、日本語では「**株価純資産倍率**」と呼びます。

PBRは財務面から割安度を判断し、株価を１株当たり純資産（BPS）で割って求めます。単位は倍です。

PBR＝株価÷１株当たり純資産（BPS）

例えば、株価が1,500円で、BPSが1,000円の銘柄の場合、PBR＝1,500円÷1,000円＝1.5倍となります。

PERと同様に、PBRも値が低い方が割安と考えます。また、PBRには「１倍」という目安があり、PBRが１倍を割っている銘柄は「買い」であるとされます。１倍割れの銘柄の株をすべて買い占めてその企業を解散し、

●図1.11 東証一部銘柄の連結PBRの分布（2019年11月25日時点）

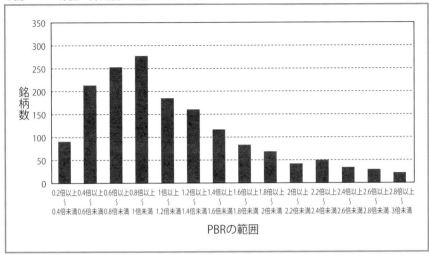

資産をすべて売却して負債を返済すれば、理論上は現金が残る計算になります。

　ただ、実際には帳簿上の金額通りに売れることは少なく、それより低い金額になるのが一般的です。そのため本書執筆時点では、PBR1倍割れの銘柄は多数あります（図1.11）。東証一部の連結PBRの平均は約1.2倍でしたが、半分弱の銘柄はPBRが1倍割れとなっています。

　これらのことから、割安度を判断する際には、PBRはPERと比べ重要性は落ちます。逆にいうと、ある優良な高配当銘柄のPBRが例えば2倍になっていたとしても、それだけで割高と判断するのは早計だということです。

ROEも併せて考える

　ROEも投資指標の1つですが、「Return On Equity」の略で、日本語では「**自己資本利益率**」または「**株主資本利益率**」と呼びます。

　ROEは、EPS（1株当たり当期純利益）を、BPS（1株当たり純資産）で割って求めます。例えば、EPSが20円、BPSが100円の銘柄だと、ROE＝20円÷100円＝0.2＝20％となります。

1

高配当株・連続増配株選びの基本

純資産は株主の持ち分と考えられますので（34ページ参照）、ROEはそれをどれだけ効率良く利益に結びつけているかを表します。ROEが高いほど投資効率が良いことになります。

●割安度はROEも併せて見る

PERとPBRで割安度を判断する際には、ROEも一緒に考えるようにします。PER／PBR／ROEのそれぞれの計算式を組み合わせて変形していくと、以下のような関係があることがわかります。

PBR＝PER×ROE

この式から、ROEが低い銘柄は、PBRもそれに比例して低くなる計算になります。例えば、PERが10倍の銘柄がA／Bの2つあり、それぞれのROEが1％と10％とします。この両者でPBRを計算すると、以下のようになります。

銘柄AのPBR＝10倍×1％＝0.1倍
銘柄BのPBR＝10倍×10％＝1倍

単にPBRだけで判断すると、銘柄Aはかなり割安であるように見えます。しかし、PBRが低くて純資産を有効に活用できていないという状態なので、投資対象としてはあまりお勧めすることができません。

前述したように、PBRはPERと比べると重要度は落ちます。PBRとPERで割安度を判断する際には、「PERとPBRがともに低い」ということよりも、**「PERが低くてROEが高い（＝結果としてPBRはやや高めになる）」**ことを重視する方が良いと考えられます。

キャッシュフローの流れもチェック

キャッシュフロー計算書の基本

損益計算書はさまざまな情報が出ていて重要ですが、それだけで十分だとはいえません。それと併せて「**キャッシュフロー計算書**」も見ることで、銘柄分析の精度をさらに上げることができます。

キャッシュフロー計算書は財務諸表の1つで、キャッシュ（現金）の出入りをまとめたものです。キャッシュを稼ぎ出す力が強い企業ほど、配当も出すことができると考えられますので、キャッシュフロー計算書も重要です。

キャッシュフロー計算書（CF計算書）には、**営業／投資／財務の3つの活動によるキャッシュフロー**がまとめられます。キャッシュが入ってくればプラス、出ていけばマイナスの値になります。

また損益計算書では、恣意的な調整をすることがある程度は可能です（例：来期に販売する予定だった商品を今期に販売して、売上や利益を増やす）。一方、キャッシュフロー計算書の調整は難しく、**信用性が高い**といわれています。

各キャッシュフローの見方

営業／財務／投資のそれぞれのキャッシュフローは、基本的には以下のような見方をします。

●営業キャッシュフロー

営業キャッシュフローは、企業の営業活動によって得られたキャッシュを表します。通常の状況であれば、営業キャッシュフローはプラスの値になります。

逆にいうと、営業キャッシュフローの値がマイナスの企業は、営業して

いるのに現金が流出しているので、良くない状態だと考えられます。

●投資キャッシュフロー

　投資キャッシュフローは、工場や機械などの投資に関するキャッシュを表します。一般に、企業は事業を維持したり成長させたりするために継続的に設備投資し、その分キャッシュが出ていきますので、投資キャッシュフローはマイナスになることが多いです。

　一方で、保有している株式を売却するなどして、キャッシュが入ってくることもあります。その場合は投資キャッシュフローがプラスになることもあります。

●財務キャッシュフロー

　財務キャッシュフローは、借り入れやその返済など、財務活動によるキャッシュの動きを表します。借り入れの返済でキャッシュが出ていくことが多いので、財務キャッシュフローはマイナスになることが多いです。

　ただし、借り入れを行うとキャッシュが入ってくることになりますので、その場合はプラスになります。

●3つのキャッシュフローの組み合わせ

　ここまでの話から、営業／投資／財務の3つのキャッシュフローの値は、**＋／－／－の組み合わせになることが一般的**です。

　実際に、東証一部企業の2019年3月期決算を見てみると、6割以上の企業で、営業／投資／財務の3つのキャッシュフローの組み合わせが＋／－／－となっています。

フリーキャッシュフローが潤沢なことが望ましい

　キャッシュフローと配当との関係を考える際に、「**フリーキャッシュフロー**」（FCF）という用語が出てきます。フリーキャッシュフローは、一般に「企業が自由に使えるキャッシュ」と考えられます。

　フリーキャッシュフローの計算方法はいくつかありますが、以下のように計算することがよくあります。

FCF＝営業キャッシュフロー＋投資キャッシュフロー

フリーキャッシュフローは、営業活動で稼いだキャッシュから、投資で出ていったキャッシュを引いたものです。投資キャッシュフローは、投資でお金が出ていけばマイナスの値になりますので、上の式のように投資キャッシュフローを足すという計算になります。

　フリーキャッシュフローは、借り入れの返済などに充てることができ、企業が自由に使えるキャッシュです。フリーキャッシュフローが多ければ、配当も増配することができますので、これが大きくプラスになっていることが望ましいといえます。

●FCFが増加傾向で連続増配もしている銘柄の例（KDDI）

　図1.12は、**KDDI（9433）**の2010年3月期〜2019年3月期の営業／投資／フリーキャッシュフローの推移です。KDDIは順調に配当を増やしていますが、フリーキャッシュフローも増加傾向で、それで増配ができていると考えられます。

●図1.12　KDDIの営業／投資／フリーキャッシュフローの推移（各年3月期）

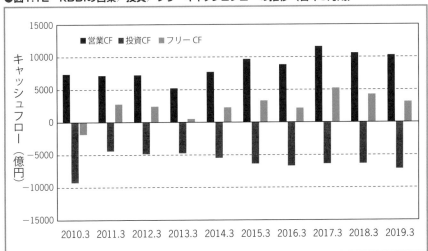

配当とともに株主優待も
株式投資の魅力の1つ

株主優待とは?

　企業の株主還元の流れが強くなっていますが、「個人投資家の株主も増やしたい」と考える企業も多くなっています。個人投資家を呼び込むための策の1つとして、「**株主優待**」を設ける企業が増えています。

　株主優待は、株主に対するサービスの1つで、持ち株数に応じて商品やサービスの権利をもらうことができるものです。特に、個人向けの製品やサービスを提供している企業が株主優待をよく行っています。

　株主優待の内容は企業によってさまざまですが、メーカーであれば**自社製品**、小売業やサービス業であれば**優待券**や**割引券**が多いです。また、個人向けの商品などを扱っていない企業だと、株主優待としてお米券やQUOカードなどの**商品券**を配布することが多いです(表1.6)。

●表1.6　株主優待のある銘柄の例

銘柄(証券コード)	株主優待の内容	権利確定月
キリンホールディングス(2503)	自社製品	12月
味の素(2802)	自社製品	3月
JT(2914)	自社グループ商品	12月
すかいらーくホールディングス(3197)	優待食事券	6月、12月
楽天(4755)	株主優待券	12月
ゼンショーホールディングス(7550)	優待食事券	3月、9月
オリエンタルランド(4661)	ディズニーランドまたはシーの優待券	3月、9月
イオン(8267)	株主優待カード	2月、8月
JR東日本(9020)	株主優待乗車証など	3月
ANAホールディングス(9202)	優待割引券	3月、9月
KDDI(9433)	カタログギフト	3月
ヤマダ電機(9831)	優待割引券	3月、9月

株主優待のもらい方

　株主優待をもらう権利を得るには、配当と同じく、**権利付き最終日までに対象の銘柄を購入**して株主になります。例えば、３月末決算の銘柄の場合だと、３月31日の２営業日前までにその銘柄を買えば、株主優待を受け取れます。

　また、優待品が送られてくる時期は、配当と同じ頃になります。例えば、３月決算の銘柄の場合だと、６月下旬に株主優待が送られてきます。

　なお、配当は保有株数に比例して支払われますが、株主優待は通常は保有株数には比例しません。

　例えば、**キリンホールディングス（2503）**の株主優待は、100株以上と1,000株以上の２段階になっていますが、1,000株以上の株主優待の内容は100株以上の場合の約３倍でしかありません。

株主優待も含めた利回りが高い銘柄もある

　株主優待は商品やサービスであって現金ではありませんが、現金に換算したものとして利回りを計算することもできます。中には、配当と株主優待を合わせると、高い利回りになる銘柄もあります。

　例えば、**ビックカメラ（3048）**は、100株保有すると、２月末に2,000円分、８月末に1,000円分の株主優待券がもらえます。しかも、２月末／８月末に３回以上連続して株主であり続けると、８月末の株主優待が1,000円プラスされます。

　2019年11月25日時点の株価で計算すると、配当だけの利回りは年1.65％です。しかし、株主優待を加味すると、保有期間による優待がない場合で年4.13％、保有期間による優待も加味すると年4.96％になります。

●**自社サービスの優待はさらにお得な場合もある**

　また、株主優待の内容が、その企業のサービスなどを利用していれば非常にお得なものもあります。

　例えば、投資情報サービスを行っている**モーニングスター（4765）**の株主優待は、100株以上保有すると、「株式新聞ウェブ版」を６か月間無料

で読めるなど、年間36,698円相当の内容になっています。

　一方、2019年11月25日の株価は392円で、100株購入するのに必要な額は39,200円です。株主優待をすべて使うなら、利回りは93％超となり、驚異的に高い利回りとなります（もっとも、優待を使わないと意味はありませんが）。

　なお、株主優待を加味した配当利回りが高く、また株主優待が比較的使いやすい銘柄の例として、表1.7のようなものがあります。

●表1.7　株主優待を加味した配当利回りが高い銘柄（2019年11月25日時点）

銘柄（証券コード）	株主優待の内容	予想配当利回り（％）	配当＋株主優待の利回り（％）
ジー・テイスト（2694）	優待食事券	0.62	13.46
一家ダイニングプロジェクト（9266）	優待食事券	0.00	10.68
サンリオ（8136）	テーマパーク優待券	1.29	10.43
マルシェ（7524）	優待食事券	1.20	8.96
シダックス（4837）	利用割引券	0.00	7.43
ユー・エム・シー・エレクトロニクス（6615）	QUOカード	5.31	7.10
鉄人化計画（2404）	優待食事券	0.00	6.98
ファーストコーポレーション（1430）	QUOカード	5.25	6.74
ラウンドワン（4680）	利用割引券	1.74	6.17
ジェイグループHD（3063）	優待食事券	0.38	5.95
アグレ都市デザイン（3467）	QUOカード	3.92	5.91
ショーエイコーポレーション（9385）	QUOカード	2.60	5.43
アサックス（8772）	QUOカード	2.30	5.37
Eストアー（4304）	QUOカード	2.91	5.34
学究社（9769）	QUOカード	4.48	5.31

高配当でも投資に不適格な銘柄は避ける

記念配当や特別配当は注意

ここまででは単に「配当」と呼んできましたが、配当には「**普通配当**」「**記念配当**」「**特別配当**」の３種類があります。

普通配当は、名前の通り通常支払われる配当のことです。一方の記念配当は、「創業100周年記念」など、何らかの記念の年に普通配当に加えて支払われる配当です。特別配当は、何らかの特別な理由で支払われる配当です。

記念配当や特別配当は、毎年出るものではありません。しかし、経済サイトなどで配当利回りが高い銘柄を検索すると、記念配当や特別配当もみな入って計算されます。これでは普通配当だけのときよりも配当利回りが過大に計算されて、正しいランキングにはなりません。

例えば、本書執筆時点で東証一部の配当利回りランキングを見ると、１位は**マクセルホールディングス（6810）**の19.47％で、非常に高い値になっていました（2019年11月25日時点）。

しかし、配当の内容を調べてみると、2020年３月期は普通配当を１株当たり36円出すのに加え、特別配当を１株当たり250円も出す予定になっていました。普通配当だけで配当利回りを計算すると2.45％で、特に高配当とはいえません。

このように、配当利回りランキングの上位銘柄は、記念配当や特別配当が出る予定の場合も含まれます。そのような銘柄では、**普通配当だけの配当利回りを計算した上で投資判断をする**必要があります。

配当性向が高すぎる銘柄は注意

配当性向はある程度高い（30％～50％程度）ことが望ましいですが、高

すぎるのは不安があります。

　配当性向が100％に近い銘柄は、利益をほとんど配当に回していることを意味します。利益が伸びている間は良いですが、利益が減ったときには配当を維持しにくく、減配のリスクが高いです。また、減配すると売られて株価も大きく下がるリスクがあります。

　例えば、ある年の１株当たり当期純利益が100円で、その年に１株当たり配当を90円出したとすると、配当性向は以下の通り90％になります。

配当性向＝１株当たり配当÷１株当たり当期純利益
＝90円÷100円＝0.9＝90％

　しかし、その翌年に業績があまり振るわず、１株当たり利益が80円に下がったとします。80円の利益から90円以上の配当を出すには、過去の利益の蓄積を取り崩すなど、何らかの無理をしないといけなくなります。

　それが１年だけなら何とかなりますが、何年も続くと無理がきかなくなり、最終的には減配に追い込まれることになります。

●**減配の発表で大きく下落した銘柄の例（ローソン）**

　実際の例として、**ローソン（2651）** があります（図1.13）。ローソン

●**図1.13　配当性向が高すぎて減配せざるを得なくなったローソン（各年2月期）**

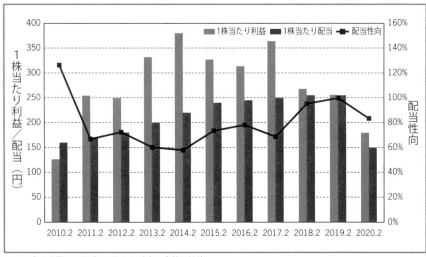

※2020年2月期は2019年11月25日時点の会社予想値

050

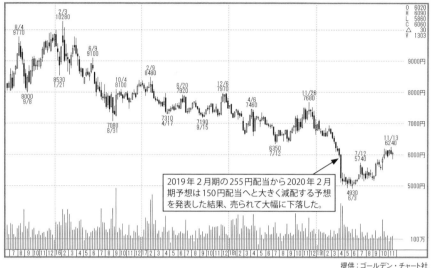

●図1.14　減配予想発表で大きく売られたローソン　　　　　　週足/2015.6～2019.11

> 2019年2月期の255円配当から2020年2月期予想は150円配当へと大きく減配する予想を発表した結果、売られて大幅に下落した。

提供：ゴールデン・チャート社

は2011年2月期～2018年2月期の8期連続で増配していました。ただ、2018年2月期は1株当たり利益が268.16円だったのに対し、1株当たり配当が255円で、配当性向は95％にも達していました。

　2019年2月期は1株当たり利益が255.71円で、ぎりぎりの255円を維持しました。しかし、2020年2月期の予想は約180円で、配当を維持するのが困難になったと思われ、150円に減配する予定となっています。また、この減配の発表を受けて、株価も大幅に下落しました（図1.14）。

利益を超える配当を出している銘柄は注意

　銘柄によっては、1株当たり当期純利益を超える配当を出すこともあります。配当性向でいえば100％を超えていて、前述の「配当性向が高すぎる状態」がさらに悪くなった状況です。

　ある年だけ一時的に利益が減ったものの減配すると株価に大きく影響するため、配当を据え置くことはよく見られますが、そのようなときに利益を超える配当が出ることになります。

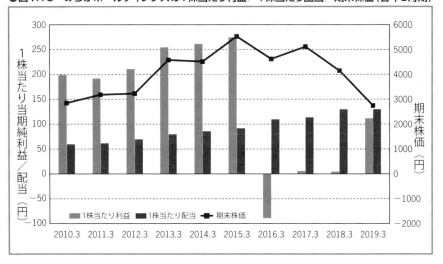

●図1.15　みらかホールディングスの1株当たり利益／1株当たり配当／期末株価（各年3月期）

この状況がある1年だけなら良いですが、長く続けることはできません
ので、注意して見る必要があります。

実例として、**みらかホールディングス（4544）**を取り上げます。みら
かホールディングスは、2015年3月期までは売上や利益が伸び、順調に増
配してきました。しかし、それ以後は業績が下降傾向で、特に1株当たり
当期純利益が大きく落ち込んでいます。

配当こそ何とか維持している状況ですが、2015年以降の株価は下落傾
向で、2015年のピークに比べると、本書執筆時点ではおよそ3分の1まで
下落しています（図1.15）。

売上と利益の伸び方が連動していない銘柄は注意

売上と利益は完全ではないものの、ある程度連動して伸びる傾向があり
ます。売上が増えれば、一般的には利益も増えます。

また、売上の伸び以上に利益が伸びているなら理想的で、そうした状況
が続けば年々利益が大きく伸び、配当も増えて株価も上がります。

一方、売上が伸びているにも関わらず、利益があまり伸びていないよう
だと、注意すべき状況といえます。例えば、競合他社との競争で薄利多売

●図1.16　ヤフーの売上／税引後当期純利益／期末株価の関係（各年3月期）

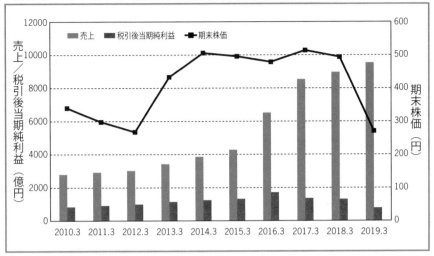

に陥っているとそこから抜け出すのは難しく、伸び悩む恐れがあります。すると、配当も増えず株価も上がらない状態になりがちです。

●**利益が頭打ちで株価も下落気味の銘柄の例（ヤフー）**

　例えば、**ヤフー（2019年10月から「Zホールディングス」に社名変更：4689）**の売上はどんどん伸びていて、10年でおよそ4倍となっています。しかし、利益は2016年3月期をピークに減りつつあります。配当も2015年3月期以降は8.86円で変化がなく、株価に至っては下落傾向になっています（図1.16）。

業績変動が大きい銘柄は避ける

　高配当・連続増配株投資は、一度買った株を中長期的に保有することが前提ですので、株価が激しく上下するような銘柄は、落ち着いて保有しづらく、あまり望ましくありません。

　個々の銘柄は景気による影響を受けますが、影響を非常に強く受ける銘柄もあれば、そうでもない銘柄もあります。前者を「景気敏感株」と呼び、後者を「ディフェンシブ株」と呼びます。

　景気敏感株は、株価が激しく上下する傾向があります。例えば、旋盤メ

ーカーの**ツガミ（6101）**は、2009年以降の最安値が149円、最高値が
1,834円で、その差は約12倍にもなります。本書執筆時点では900円程度
で、最高値からほぼ半分に下がっています（図1.17）。安い時期に買って
いれば良いですが、最高値の時期に買っていたとすると気が気でないでし
ょう。

　株価が大幅に下がってしまうと、そう簡単に取り返すことができなくな
ります。本書執筆時点では景気の先行きに不安があり（146ページ参照）、
そのことを考えると、連続増配している銘柄であっても景気敏感株は避け
た方が良いといえそうです。

●図1.17　景気敏感株は株価の変動が激しい（例：ツガミ）　月足／2008.8〜2019.10

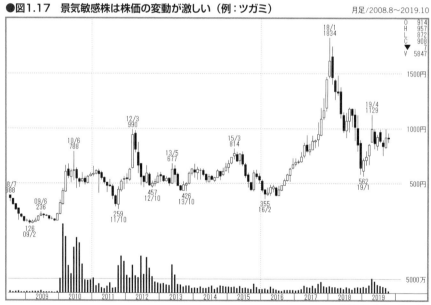

提供：ゴールデン・チャート社

割高すぎる銘柄は避ける

　38ページで割安な銘柄が望ましいと述べましたが、その逆に割高すぎる
銘柄はなるべく避けるべきだといえます。

　割高すぎる銘柄は、利益の割に株価が高い状況であり、何か悪い材料が

出ると株が大きく売られて下がる恐れがあります。その損失を取り戻すのは並大抵ではありません。

　業績が好調で連続増配している銘柄の中には、割高な銘柄もあります。例えば、ユニクロやGUで知られる**ファーストリテイリング（9983）**は、売上／利益ともに伸びていて、配当も増えてきています。

　ただ、優良銘柄で人気が高いので、利益の割に株価がかなり高く、本書執筆時点でPERが40倍を超えています。市場平均よりもはるかに高いPERであり、買われすぎという感じがあります。

　また、2015年から2016年にかけて業績が伸び悩んだ時期には、株価が1年で半分以下になったこともありました。

　このようなことから、割高すぎる銘柄への投資はリスクも高くあまりお勧めできません。

株主優待が良すぎる銘柄は注意

　個人投資家を呼び込むために、株主優待を行う企業が増えています。株主優待があるのは良いことですが、中には優待が良すぎて個人投資家の買いが集まり、業績や財務の割に株価が割高となっている銘柄もあります。

　例えば、外食チェーンの**ヴィア・ホールディングス（7918）**は、100株保有すると株主優待で年当たり1万円分の食事券を得ることができます。一方、2019年11月25日時点で株価は666円で、100株買うのに必要な金額は66,600円です。ここから、株主優待の利回りを計算すると約15％になり、かなり高いといえます。

　しかし、ヴィア・ホールディングスの業績は良いとはいえない状態です。2018年3月期と2019年3月期には大きな赤字を出しています。また、2020年3月期は回復予想ですが、当期純利益は赤字が続く予想です。

　ヴィア・ホールディングスは、会社の規模からすると株主の数が多く、株主優待目当ての個人投資家が多く買っていることが推測されます。仮に株主優待が縮小されることになれば、個人投資家が一斉に株を売り、株価が急落する恐れがあります。

有利子負債が多すぎるような銘柄は注意

多くの企業は、銀行などから借り入れを行っており、通常は利子をつけて返済しなければなりませんが、そのような負債のことを「**有利子負債**」と呼びます。

本書執筆時点では金利が非常に低いので、有利子負債から発生する利子も少なくて済んでいる状態です。また、低金利はかなり長く続いていて、このままずっと続きそうな気持ちにもなります。

しかし、これがいつまでも続くという保証はありません。何らかのきっかけで金利が上がり始める可能性もなくはありません。

有利子負債が多い企業は、借り入れに依存して事業を行っていると考えられます。もちろん業種によって、有利子負債に依存しがちな業種もありますので一概にはいえませんが、同業他社と比較して多すぎないかチェックする必要があります。

今後金利が上昇すると、借り入れの利払いで利益が圧迫され、配当や株価に悪影響が出る可能性があります。したがって、有利子負債が多すぎると思われる銘柄に投資する場合は、注意が必要です。

●表1.8　今期予想配当利回りが高いものの有利子負債が多いような企業の例

銘柄（証券コード）	売上（億円）	有利子負債（億円）	配当利回り（%）
ヤマタネ（9305）	534	464	3.28
アルテリア・ネットワークス（4423）	492	417	3.30
三井物産（8031）	69,575	46,255	4.08
スカパー JSATHD（9412）	1,640	1,080	3.81
シキボウ（3109）	408	250	4.26
日本板硝子（5202）	6,128	3,697	3.05
住友商事（8053）	53,392	30,980	4.85
三菱ケミカルHD（4188）	39,234	22,468	4.80
ホクト（1379）	702	375	3.06
遠藤照明（6932）	398	208	4.26
大同メタル工業（7245）	1,077	551	4.96
中越パルプ工業（3877）	967	484	3.05
アサヒHD（5857）	1,287	638	4.66
双日（2768）	18,562	8,732	4.94
ホンダ（7267）	158,886	73,311	3.56

※売上と有利子負債は2019年3月末、今期予想配当利回りは2019年11月25日時点

高配当株・連続増配株 のタイプ別投資戦略

会社予想の進捗率が高い銘柄は業績上方修正の可能性がある

　企業の年間の業績予想に対する四半期ごとの進捗率から、増益（とそれに伴う増配や株価上昇）を狙うことも考えられます。

業績予想の進捗率の基本

　企業は毎年期末に決算を行い、本決算として発表します。その際に、多くの企業は今季の業績予想も併せて発表します。

　売上／営業利益／経常利益／税引後当期純利益／１株当たり当期純利益の予想値が発表され、それを元にした投資判断が行われています。

　また、上場企業は３か月ごとに「**四半期決算**」を出すことが義務づけられています。四半期決算では、四半期単位での売上／営業利益／経常利益／税引後当期純利益／１株当たり当期純利益の値が開示されます。

　決算時点の業績予想と、その後の四半期決算とを見比べてみて、予想と実際との差を調べることもよく行われています。その際に出てくる値が「**進捗率**」です。

　進捗率とは、**今季の業績予想に対して、各四半期単位の実績がどの程度の割合になっているかを表す値**です。以下のようにして求め、パーセント単位で表します。

**　　進捗率＝実績値÷予想値**

　第１四半期決算の場合だと、年度が始まって最初の４分の１を消化した時点の業績なので、単純に考えれば、進捗率は25％前後になっているはずです。同様に、第２四半期（中間決算）だと進捗率は50％前後、第３四半期だと75％前後になっていると考えられます（図2.1）。

●図2.1　各四半期の進捗率は基本的には25％ずつ伸びる

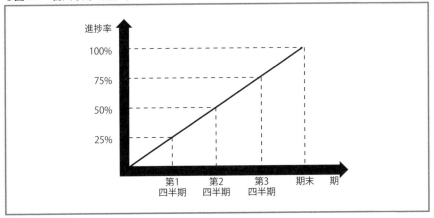

進捗率が高い銘柄は上方修正の可能性がある

　各四半期の決算を見て進捗率を計算すると、単純に考えた値よりも良い値になっている場合があります。例えば、第1四半期の時点で進捗率が30％だったとすると、そのペースで1年続けることができれば、30％×4＝120％となり、予想の20％増しの業績になりそうだと予想することができます。

　期首の業績予想よりも好業績になりそうな場合は、企業は業績予想を上方修正します。上方修正があると株が買われることが多く、例えば上の例のように業績予想が＋20％に修正された場合、株価も20％程度上がることが多いです。

●業績上方修正で上昇した銘柄の例（スバル）

　実際の例として、**スバル興業（9632）**を取り上げます。スバル興業は2019年9月5日に2020年1月期第2四半期決算を発表し、その際に経常利益の予想を30億8,000万円から36億円に引き上げました。16.9％の上方修正であり、株価もそれに反応して、翌日から1か月足らずでおよそ15％上昇しました（図2.2）。

　ここで、2020年1月期第1四半期の決算短信を見てみると、その時点での経常利益は16億8,100万円で、進捗率は54.6％でした。前述したように、

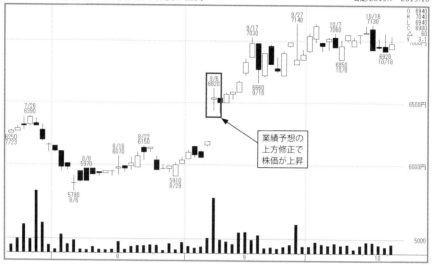

●図2.2　業績予想の上方修正で株価が上昇

日足/2019.7〜2019.10

業績予想の
上方修正で
株価が上昇

提供：ゴールデン・チャート社

第1四半期の進捗率は通常は25％前後なので、54.6％はかなりハイペース
だといえます。

　「これなら上方修正がありそうだ」と予想して、その時点でスバル興業を
買っておけば、その後の株価上昇で利益を得られることができたわけです。

保有銘柄の進捗が悪い場合には注意

　進捗率が高い銘柄は業績予想の上方修正の可能性がありますが、逆にい
うと進捗率が悪い銘柄は下方修正の恐れがあり、それに伴って株価が下落
することもあり得ます。

　例えば、業績予想が10％下方修正されると、株価もそれに連動して10％
程度下がることが考えられます。

　高配当・連続増配株投資は中長期保有が基本なので、少々の下方修正で
は売らないようにします（後の123ページ参照）。しかし、大幅な下方修正
があった場合、その後も業績が振るわない状態が長く続く恐れがあります
ので、保有を続けるかどうかを検討した方が良いでしょう。

●マネックス証券の「銘柄スカウター」が便利

　企業の業績の進捗率は、「日本経済新聞」、「株式新聞」、「みんなの株式」といった経済メディアでニュース配信されています。

　また、マネックス証券の「銘柄スカウター」というサービスは、さまざまな条件を設定して銘柄をスクリーニングできるツールですが、これを使えば進捗率が高い銘柄を探すこともできます（図2.3）。マネックス証券の口座を持っていれば無料で利用できます。

●図2.3　銘柄スカウターは様々な条件で検索できる（マネックス証券）

出所：https://www.monex.co.jp/

業績予想を上方修正しやすい銘柄かを確認

　企業によって、業績予想が控えめなところもあれば、強気なところもあります。前者のような企業であれば、期中に業績予想を上方修正して株価

が上がることが多くなりやすいでしょう。逆に、後者のような企業では、業績予想の下方修正で株価が下がるリスクが高くなります。

そこで、これまでに業績予想の上方修正／下方修正がどの程度あったかも、調べておくほうが良いでしょう。これもマネックス証券の銘柄スカウターで見ることができます。

調べてみたところ、トヨタ自動車は上方修正が多くなっていました。業績予想を控えめに出す傾向があると考えられます。

進捗率を見る場合の注意点

前述したように、進捗率は基本的には四半期ごと25％ずつ伸びていくと考えられます。しかし、企業によっては売上や利益が季節や特定の時期に偏って、進捗率の伸び方が直線にならない場合もあります。

例えば、期末に売上が偏る企業の場合、第3四半期までは進捗が進まず、期末で一気に進捗する形になります（図2.4）。このような銘柄の場合、単純に現在の進捗率を見るのではなく、**過去数年間の進捗率の推移と比較してみて、それより良いかどうかを見る**ようにします。

例えば、例年では第1四半期の進捗率が15％程度の企業で、今年の第1四半期の進捗率が25％だった場合、例年より進捗率が高い状態ですので、上方修正の可能性があると考えることができます。

●図2.4　期末に売上が偏る企業での進捗率の推移のイメージ

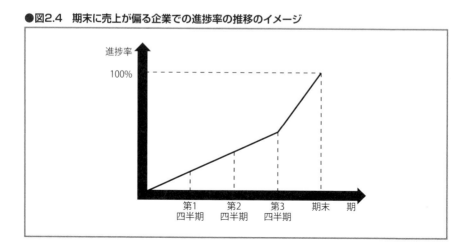

2-2

特別配当を出す可能性が 高い銘柄を狙う

特別配当を出す銘柄がそこそこある

　ここ数年、特別配当を出す銘柄がそこそこ増えています。中には、かなり高額な特別配当を出す銘柄もあります。良い銘柄の中から特別配当を出しそうな銘柄を前もって買っておくのも、1つの投資法です。

　例えば、**明和産業（8103）**は、2020年3月期の中間期（2019年9月末）に、1株当たり44円の特別配当を実施しました。2020年3月期の普通配当は12円の予想なので、その4倍近くを出したことになります。

　また、特別配当についての発表は、2019年8月9日に行われました。それまでは株価は350円～400円程度で推移していましたが、発表翌日から株価が上昇し、約1か月後には高値で684円まで急騰しました（図2.5）。

●図2.5　特別配当の発表で明和産業の株価は急騰した　　日足/2019.6～2019.10

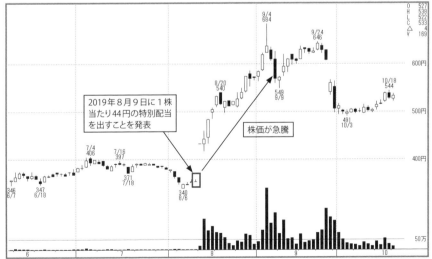

提供：ゴールデン・チャート社

●表2.1　特別配当を出した最近の銘柄の例

銘柄（証券コード）	特別配当の額（円）	特別配当の時期	同年度の普通配当の額（円）
マクセルホールディングス (6810)	250	2019年6月30日	36(※)
日立キャピタル(8586)	40	2019年8月14日	88(※)
ファナック(6954)	345.32	2018年9月30日	477.21
	180.58	2019年3月31日	
東芝(6502)	20	2018年12月31日	10
丸三証券(8613)	10	2018年9月30日	5
	10	2019年3月31日	
住友倉庫(9303)	7.25	2019年3月31日	15

（※）は本書執筆時点の予想配当額

　このように、大きな特別配当を出すことが発表されれば、株価も上がります。なお、本書執筆時点からみた最近で特別配当を出した銘柄の例として、表2.1のようなものがあります。

ROEを上げるために特別配当を出す

　では、特別配当を出す銘柄が増えている理由は何でしょうか？　特別配当に関するニュースリリースを見ると、「株主還元を重視する」というような書き方がされていることが多いです。もちろん株主還元も理由の１つですが、「**ROEを上げる**」という理由もあります。

　日本の株式市場では、外国人投資家のシェアが高くなっています。東証が発表している「投資部門別株式売買状況」のデータによると、東証一部の売買の約７割が外国人投資家によるものです。

　外国人投資家は、企業に対してはっきりと要求を出すことが多く、その要求の１つとして「ROEを上げろ」というものがあります。

　ROE（41ページ参照）は、純資産に対する税引後当期純利益の割合です。純資産は株主のものと考えられ、ROEは「株主の資金をどれだけ効率よく運用できたか」を表し、ROEが高い方が良いことになります。

　このところ、「**資本効率**」という言葉をよく聞きます。資本に対する利益の割合がこれに当たりますが、ROEも資本効率を表す指標の１つです。

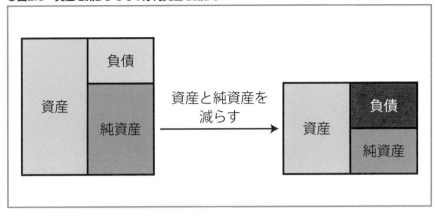

●図2.6　資産を減らしてその分純資産も減らす

負債

資産

純資産

資産と純資産を
減らす

負債

資産

純資産

　アメリカの企業だと、ROEが20％程度あるところも多いですが、日本の東証一部上場企業のROEは、平均で10％程度になっています。以前より高くなってきましたが、まだ十分ではなく、日本企業にとってROEの改善が急務とされています。

　ROEを上げるには、分子の利益を増やすか、分母の純資産を減らすか、またはその両方を行うことが必要です。しかし、利益を増やすのはそう簡単ではなく、それに比べ純資産を減らすことは比較的簡単にできます。

　そこで、資産を売却するなどして減らし、その分だけ純資産を減らし（図2.6）、見かけ上のROEを上げるという手法を取る企業が多くなっています。**その際減らした分の純資産を特別配当として株主に還元**しています。

内部留保を適切に保つことも目的の1つ

　株式会社の目的は、事業を行っては利益を上げ、利益を株主に分配することです。しかし、利益を100％分配することはなく、将来の成長のために投資したり、また何か大きなトラブルに備えて蓄えたりします。特に、2008年のリーマンショックで多くの企業がダメージを受けたことから、蓄えを増やす傾向が見られます。

　ここ数年、「内部留保」という言葉を聞くことが多くなりました。内部留保はあいまいな言葉で、会計上の正式な用語ではありません。大まかにい

えば、利益の中で、株主に配当しなかった部分を蓄積したものと考えることができます（図2.7）。ただ、一般的には「企業が内部留保としてお金を蓄えている」といったイメージで見られています（ただし、後述しますが、実際には現金ではないことが多いです）。

内部留保を増やすことは、決して悪いことではありません。ダメージを受けたときの備えが何もなければ、その企業は経営が傾き、最悪は倒産してしまいますので、内部留保をある程度は持っておくことは必要です。

しかし、必要以上に内部留保を増やすことは、好ましいことではありません。内部留保は売上や利益にあまりつながらないことが多く、資本効率を下げる（＝ROEを下げる）ことになりがちです。そこで、内部留保を適正に保つため、特別配当を実施して内部留保を減らすこともあります。

●図2.7　内部留保のイメージ

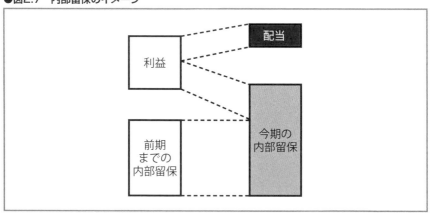

特別配当の可能性を判断する指標

特別配当の予想については、どんな指標で判断すればよいでしょうか？
●利益剰余金が多い
企業が特別配当を出す理由がわかったところで、今度はその原資が何であるかを考えてみます。そうすれば、その原資が多い企業は特別配当を出す可能性が高いのではないかという推測をすることができます。

銘柄（証券コード）	株価（円）	1株当たりの利益剰余金（円）	配当利回り（%）
GMB（7214）	788	3,537.4	5.08
良品計画（7453）	2,496	6,637.4	1.46
燦ホールディングス（9628）	1,355	3,128.4	2.21
アーレスティ（5852）	538	1,536.7	3.35
エイチワン（5989）	730	1,658.3	3.56
日鉄鉱業（1515）	4,595	10,187.7	1.96
エフテック（7212）	708	1,503.5	2.82
日本プラスト（7291）	706	1,457.4	2.83
小野建（7414）	1,335	2,726.0	4.49
カメイ（8037）	1,228	2,322.6	2.44

特別配当は「利益剰余金」を取り崩して支払われることが一般的です。

利益剰余金とは、大まかにいえば、企業がそれまでに得てきた利益を積み立ててきたものです。

会社法で、利益剰余金を積み立てることが義務付けられていますので、原則としてどの企業にも利益剰余金があります（債務超過などの一部の企業を除く）。また、利益剰余金は純資産の一部なので、利益剰余金を取り崩せば純資産が減ることになり、ROEを上げる効果が得られます。

表2.2は、株価に対して1株当たりの利益剰余金が多く、またここ数年で特別配当を出していない銘柄の例です。

●**自己資本比率が高い**

ROEは税引後当期純利益を純資産で割って求めるので、ROEが低い企業は税引後当期純利益が少ないか、純資産が多い（またはその両方）です。

ROEの低い企業は、一般的には業績が振るわなくて利益が少ないことがその理由です。しかし、業績／財務ともに良好な企業だと、純資産も多いために、その結果としてROEが低くなっていることがあります。

財務内容が良く純資産が多い企業は、**自己資本比率**（34ページ参照）が高くなります。そこで、特別配当も狙うのであれば、「自己資本比率が高い」ということも条件に入れて、銘柄を探すと良いと考えられます。

2-3

キャッシュリッチな企業は増配余力がある

　特別配当を狙う際に、「キャッシュリッチ」という条件を加味すると、より可能性が高くなると思われます。

利益剰余金は現金ではない

　前節で利益剰余金について取り上げました。ただ、利益剰余金には「金」という字が含まれているので、「これまでの利益が現金で蓄積されている」といったイメージを持った方が多いのではないでしょうか?

　一般の人がそう思うのはまだしも、政治家ですらそう思っている人がいるようです。例えば、日本共産党は2019年参議院選挙の政策として、「内部留保(利益剰余金など、過去の利益の蓄積)を使って、賃上げや正社員化を促進」ということを掲げていました。また、2017年10月の衆議院選挙の際には、希望の党が「内部留保に課税しよう」という政策を掲げていました。

　しかし、利益剰余金は現金ではありません。企業は事業で得た利益を現金のまま蓄積するわけではなく、成長のためにさまざまな投資をして、工場や機械などで保有しています。つまり、**利益剰余金は各種の資産に形を換えていて、現金のまま残っているわけではありません**。

　このようなことから、利益剰余金の勘定科目が非常に大きくなっているからといって、それを特別配当に回すことは決して簡単とはいえません。特別配当に回すなら、資産の一部を売却するなどして現金を作り、それから配当することになります。

「ネットキャッシュ」でキャッシュリッチかどうかを調べる

　ここまでで述べたように、利益剰余金は現金ではありません。ただ、企業によっては、利益を投資にあまり回さずに、現金や預金などでため込ん

でいるところもあります。

　現金／預金のほか、短期で売却できる有価証券などを多く持っていて、なおかつ有利子負債が少ないような状態のことを、「**キャッシュリッチ**」（Cash Rich）と呼びます。キャッシュリッチな企業であれば、株主から増配要求が出されたときに、手持ちの現金／預金で対応できる可能性が高いので、特別配当が出やすいのではないかと考えられます。

　企業がキャッシュリッチかどうかを判断する指標として、「**ネットキャッシュ**」（Net Cash）があります。ネットキャッシュは、現金／預金／有価証券の合計から有利子負債を引いた額です（図2.8）。この値が大きいほど、キャッシュリッチであるといえます。

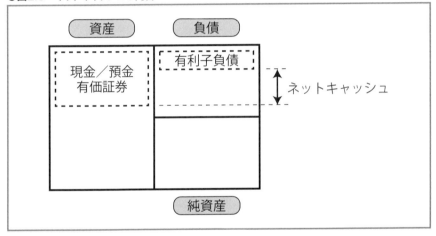

●図2.8　ネットキャッシュの内容

　ただ、企業の規模が大きいほど、ネットキャッシュは大きくなる傾向があります。そこで、単純にネットキャッシュの大小で判断するのではなく、「**ネットキャッシュ倍率**」を使います。ネットキャッシュ倍率は以下のようにして求めます。

ネットキャッシュ倍率＝
時価総額（＝発行済み株式数×株価）÷ネットキャッシュ

●図2.9　ファナックの配当の推移（各年3月期）

時価総額の割にネットキャッシュが多い企業ほど、特別配当の可能性が高く、その額も大きくなると考えられます。そのような企業では、ネットキャッシュ倍率は小さな値になります。

●キャッシュリッチで特別配当を出した銘柄の例（ファナック）

キャッシュリッチでそれをベースに特別配当を出した企業の例として、産業用ロボットなどのメーカーである**ファナック（6954）**を紹介します。

ファナックは2018年3月期に、1株当たりで525.90円の特別配当を出しました（中間期が345.32円、期末が180.58円）。また、同じ期の普通配当は477.21円でした（中間期が252.87円、期末が224.34円）。普通配当に匹敵する特別配当を出したことになります（図2.9）。

ファナックは「超」が付くレベルの優良企業で、キャッシュリッチでもあります。2018年3月期の貸借対照表を見ると、資産が約1.73兆円であるのに対し、現預金が約6,000億円、有価証券が1,450億円もありました。しかも有利子負債は0で、資産の40％強がネットキャッシュに当たります。

また、発行済み株式数は約2億株です。2018年度は年間で1株当たり約525円の特別配当を出しましたが、525円×2億株＝1,050億円で、特別配当を出しても6,000億円超のネットキャッシュが残ります。

●表2.3　ファナックのネットキャッシュ関連数値の推移

決算期	資産（億円）	現預金（億円）	有価証券（億円）	Net Cash（億円）
2015年3月	16,116	8,712	1,200	9,912
2016年3月	15,129	6,867	1,450	8,317
2017年3月	15,648	6,298	1,450	7,748
2018年3月	17,291	6,023	1,450	7,473
2019年3月	16,253	6,072	150	6,222

　特別配当を出した後の2019年3月期の貸借対照表を見てみると、現金はほとんど変化していませんが、有価証券が1,300億円減少していました（表2.3）。このことからすると、有価証券を売却して特別配当の原資にしたことが推測できます。

ネットキャッシュが豊富な銘柄の例

　2019年3月期決算の銘柄の中で、ネットキャッシュの額が多い銘柄は表2.4のようなところがあります。

●表2.4　ネットキャッシュが多く今期予想配当利回りが高い銘柄の例

銘柄（証券コード）	現預金（億円）	有価証券（億円）	有利子負債（億円）	Net Cash（億円）	配当利回り（%）
SUBARU（7270）	8,317	1,200	1,004	8,513	4.95
日本航空（9201）	4,621	600	1,369	3,851	3.29
日東電工（6988）	2,977	0	448	2,972	3.23
ニコン（7731）	4,111	0	1,264	2,846	4.02
三菱自動車（7211）	5,009	0	2,287	2,722	4.14
SANKYO（6417）	1,048	1,850	200	2,698	3.97
大成建設（1801）	4,678	0	2,174	2,503	2.99
NTTドコモ（9437）	2,200	0	500	1,700	4.00
大東建託（1878）	2,046	125	921	1,250	4.55
大和工業（5444）	1,068	7	0	1,075	3.65

※ネットキャッシュは2019年3月期、今期予想配当利回りは2019年11月25日時点

一方、ネットキャッシュ倍率が低い銘柄としては、表2.5のようなところ
があります。

●表2.5　ネットキャッシュ倍率が低い銘柄

銘柄（証券コード）	Net Cash （億円）	時価総額 （億円）	Net Cash 倍率	配当利回り （%）
佐多建設（1826）	84	62	0.74	3.23
大末建設（1814）	125	103	0.82	4.14
松井建設（1810）	246	241	0.98	3.17
オーハシテクニカ（7628）	200	239	1.19	3.54
SANKYO（6417）	2,698	3,382	1.25	3.97
帝国通信工業（6763）	98	123	1.26	4.11
日神不動産（8881）	175	235	1.35	3.19
リズム時計工業（7769）	57	78	1.37	3.21
永大産業（7822）	117	161	1.38	4.93
小森コーポレーション（6349）	491	683	1.39	3.41
ナカヨ（6715）	58	81	1.40	3.54

※ネットキャッシュは2019年3月期時点、時価総額／ネットキャッシュ倍率／今期予想配当利回りは2019
　年11月25日時点

積極的に自社株買いをする銘柄を狙う

自社株買いの意味と目的

まず、「自社株買い」の意味と目的をまとめます。

自社株買いとは、**企業が自社の株を買うこと**を指します。例えば、トヨタ自動車が、トヨタ自動車の株（7203）を買うのが自社株買いです。

企業はいくつかの目的で自社株買いを行います。後述する「株主還元」の意味合いが大きいですが、それ以外にも以下のような目的があります。

●株式交換による買収に使う

ある企業が他の企業を買収する際に、「**株式交換**」という手法を取ることがよくあります。A社がB社を買収する際に、B社の株主に対してA社の株を渡すことを株式交換と呼びます。自社株買いして保有しておくことで、株式交換に使うことができます。

●ストックオプションの付与

あらかじめ決められた価格で自社株を買う権利を、その会社の役員や従業員に与えることを、「**ストックオプション**」と呼びます。

ストックオプションを与えれば、業績が上がると株価が上昇して利益になるので、役員や従業員のモチベーションを高めることができます。

●買収（M&A）されることを防ぐ

ある企業が他の企業を買収するM＆Aが増えていますが、買収先企業の同意を得ずに買収を仕掛ける「**敵対的買収**」が行われることもあります。

買収には、その企業の株を買い集めることが必要です。自社株買いすると株価が上がり（理由は後述）、その分だけ株を買い集める必要額が上がって、難しくなります。そのため、自社株買いには敵対的買収を抑える効果もあります。

自社株買いで株価が上がる

　自社株買いをすると、「１株当たり利益が増加する」ということが起こります。企業が１株当たり利益を計算する際には、自社株買いして保有している株を、発行済み株式数から引くことになっています。そのため、１株当たり利益を計算する際の分母が小さくなり、１株当たり利益が増えます。

　例えば、税引後当期純利益が100億円で、発行済み株式数が１億株の企業があるとして、この企業の１株当たり利益は以下の通り計算します。

１株当たり利益＝100億円÷１億株＝100円

　ここで、この企業が2,000万株の自社株買いを行うとすると、１株当たり利益は以下のように125円になります。

１株当たり利益＝100億円÷（１億株－2,000万株）＝125円

　株価は１株当たり利益に比例する傾向があるので、自社株買いによって１株当たり利益が上がることになれば、それに比例して株価も上がることが期待できます。

　なお、自社株買いで発行済み株式数がＸ％減る場合、１株当たり利益の増加分（％）は以下の式で求められます。また、その分だけ株価が上昇することが期待できます。

１株当たり利益の増加分＝100×Ｘ÷（100－Ｘ）

　例えば、発行済み株式数が10％減る場合、１株当たり利益の増加分は以下の通り11.1％となり、株価も11.1％程度上昇すると考えられます。

１株当たり利益の増加分＝100×10÷（100－10）＝11.1（％）

●自社株買いで株価が上がった銘柄の例（DeNA）

　DeNA（2432）は、2019年５月10日に、金額で500億円、株数で3,800万株を上限とする自社株買いを行うことを発表しました。その時点でのDeNAの発行済み株式数は約１億5,000万株なので、その約４分の１

（25％）に達することになります。

　発行済み株式数が25％減ることから、前述の式で1株当たり利益の上昇分を求めると、1株当たり利益の増加分＝100×25÷（100－25）＝33.3（％）となります。

　したがって、1株当たり利益は33.3％増加し、それに伴って株価も33.3％程度上昇すると考えられます。

　実際のDeNAの株価の動きを見ると、自社株買い発表前の株価が1,700円台だったのに対し、発表後の株価は2,200円前後になっていて（図2.10）。ほぼ理論通りの株価上昇が起こっています。

●図2.10　DeNAは自社株買いで株価が大きく上がった　　　日足/2019.2〜2019.7

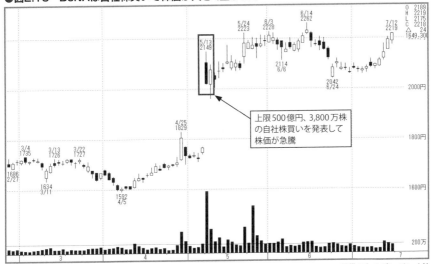

上限500億円、3,800万株の自社株買いを発表して株価が急騰

提供：ゴールデン・チャート社

株主への利益還元策として自社株買いが増加

　自社株買いは株価が上がる効果が期待できます。株価が上がれば株主は喜ぶので、株主還元策として増配だけでなく自社株買いを行う企業が増えています。

　2019年9月30日の日本経済新聞によると、2019年4月〜9月に設定された自社株買いの枠は5兆円を超えています。このペースで行けば2019

年度は10兆円を超え、2018年度の7兆円弱を大幅に上回る見込みとのことです。外国人投資家を中心に、株主還元を要求する投資家が増えていることから、旺盛な自社株買いは当面続くものと思われます。

また、本書執筆時点では景気に不透明感が出ていて（147ページ参照）、株価の下落リスクがあります。自社株の下落はなるべく避けたいところであり、企業も自社株買いで株価を下支えしたいという思惑も見えます。

自社株買いをしそうな企業を狙う

自社株買いは株価を上げる働きがあります。高配当株や連続増配株でなおかつ自社株買いにも積極的な企業であれば、理想的です。

業績が好調な企業や、キャッシュリッチな企業ほど、自社株買いの可能性が高いと考えられます。そういった企業の見分け方は、第1章で述べてきた通りです。

また、自社株買いに積極的な企業は、毎年のように自社株買いを繰り返して行っています。過去の頻度を見ておくと良いでしょう。

自社株買いの際には会社発表がありますので、企業のホームページのIR情報のコーナーを見れば、これまでどの程度自社株買いをしてきたかがわかります。

自社株買いの「その後」も見ておきたい

自社株買いは計画を発表した時点で材料視され、株価が動きます。ただ、「その後」の動きもできれば見ておきたいところです。

●自社株買いの額や株数は「上限」であることに注意

企業が自社株買いの実施を発表する際には、「上限○○億円」「上限○○万株」のように、「**上限**」という言葉をつけて規模を発表します。あくまで「上限」なので、**発表した通りの金額や株数で自社株買いするとは限らない**ことになります。

また、自社株買いは一度に行うのではなく、ある期間にわたって継続的に行われます。その間は「自己株式取得状況に関するお知らせ」のようなタイトルで、企業のIR情報のサイトに定期的に進捗状況が公開されます。

例えば、前述のDeNAの場合、自社株買いの期間は2019年５月13日〜2020年４月30日とされていて、毎月１回進捗状況が公開されています。それを見ると、実際のところはあまり実施されていないことがわかりました（表2.6）。これでは、自社株買いの効果は十分には出ないと思われ、後々で失望売りを招く恐れがあります。

　このように、発表通りに実施されるとは限りませんので、その点には注意が必要です。

●表2.6　DeNAの自社株買いの進捗状況

月	取得した株の総数	取得総額（円）
2019年５月	0	0
2019年６月	0	0
2019年７月	0	0
2019年８月	63,100	125,991,100
2019年９月	1,951,400	3,827,839,500
2019年10月	5,597,600	10,817,802,800

●取得した自社株の使い道にも注意

　自社株買いした株をどのように使うのかも、注意すべきポイントです。

　自社株を「**消却**」するのであれば良いです。消却は、**取得した自社株の分だけ発行済み株式数を減らす**ことです。これなら、前述したように発行済み株式数の減少に伴って、１株当たり利益が相対的に上がり、株価が上昇する効果が続きます。

　一方で、「**処分**」という方法を取る場合があります。これは、**取得した自社株を誰かに譲渡する**ことです。この場合は、発行済み株式数が元に戻ることになり、相対的に１株当たり利益が減りますので、株価下落の要因になります。

　消却や処分を行う場合にも、そのことが公開されますので、企業のIR情報のホームページを確認することをお勧めします。

総還元性向の高さも見ておきたい

　配当総額と自社株買いはどちらも株主還元なので、その両方に使った金額を合計して、当期純利益に対する割合を出すこともあります。これを「**総還元性向**」と呼びます。

総還元性向＝（配当総額＋自社株買い）÷当期純利益

　例えば、当期純利益が1,000億円の企業が、配当で500億円を支払い、300億円の自社株買いを行ったとします。この企業の総還元性向は以下のように80％になります。

総還元性向＝（500億円＋300億円）÷1000億円＝0.8＝80％

　株主還元の指標として「配当性向30％」といった目標を出す企業が増えていますが、最近では配当性向ではなく、総還元性向の目標を明示する企業も出ています。

　例えば、**日産化学（4021）**では、「配当性向45％、総還元性向75％維持を目標とする」という方針を出していて、2018年度では総還元性向72％を達成しています。

　ただ、76ページでも述べたように、企業が自社株買いを行う場合、「上限○○億円」というような形で発表され、その後実際に上限通りの自社株買いが行われるとは限りません。そのため、総還元性向は、配当性向と比べると簡単には求められないというネックがあります。

COLUMN

1単元100株化と株式併合

　株を売買する際の最小の単位を「単元」と呼びます。かつては、1単元の株数は銘柄によって異なっていました。1単元＝1,000株の銘柄が多かったのですが、1株や100株といった銘柄もありました。

　しかし、これではわかりにくいということから、東証は上場企業に対して単元を100株に統一することを要請し、2018年10月1日以降は1単元＝100株に統一されました。

　ただ、単元を統一するのにあたり、「株式併合」を行った銘柄が多数あります。株式併合は株式分割の逆で、5株や10株を1株にまとめることを指します。株数は減りますが、その代わりに株価は上がり、株式併合の前後で株の価値は変化しません。

　株式併合によって、それまでと株価の水準が大きく変わりますので、値動きに影響が出そうです。特に、低位株（株価が500円程度までの銘柄）の値動きが変わることが予想されます。

●株式併合で株価水準が変わった銘柄の例（東洋精糖）

1,000株→100株の株式併合により株価が10倍程度上昇した

提供：ゴールデン・チャート社

2-5

長期連続増配株で着実に 資産を増やす

連続増配株の中には、数は多くはないですが長期間にわたって増配を続けている銘柄もあります。

連続増配株でトップの花王

日本の株式市場の中で、連続増配を最も長い期間続けているのは、**花王（4452）**です。1991年３月期に前年から増配したのを皮切りに、2018年12月期まで、29期連続増配を達成しました。2019年12月期も増配の予想で、増配できれば30期連続になります（図2.11。この29年間に株価も大きく上昇しました。1990年初頭時点では、株価は1,800円でした。一方、2018年末の株価は8,154円で、およそ4.5倍になっています）。

また、29年間の配当の合計は1,264.5円で、1990年初頭の株価のおよそ0.7倍に当たります。したがって、1990年初頭に花王の株を買っていれば、その後の29年間で、株価上昇と配当の合計でおよそ5.2倍になったことに

●図2.11　花王の増配の経過

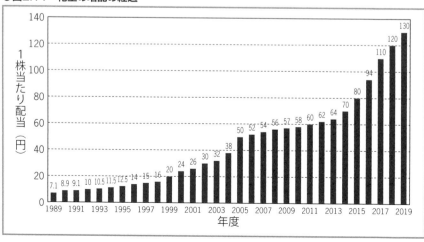

なります。29年で資産を5.2倍にしようとすると、複利の預貯金だと年利はおよそ5.85％が必要です。29年もの長期にわたり、年6％近い高年利が続く預貯金はまずありませんので、花王の株がいかに優れているかがわかります。

長期連続増配株は中長期の資産運用に最適

連続増配株は、**基本的には業績が順調に伸びていて利益が年々増加し、それに伴って配当も毎年増えていくような銘柄**です。利益が増えれば株価も上がり、**値上がり益と高配当の両方で利益が得られる**メリットがあります。

短期間で株価が急に上がることはあまりありませんが、長期的かつ安定的に資産運用していくには、連続増配株は最適だといえます。

また、連続増配株を長期保有すれば、**購入した時点と比較した配当利回りが徐々に上がっていくというメリット**もあります。長く持てば持つほど「**お宝株**」的な存在になっていくわけです。

前述の花王の例だと、1990年初頭時点の株価は1,800円で、1990年度の配当は8.9円だったので、1990年初頭に買ったとした場合のその年の配当利回りは、およそ0.5％にすぎませんでした。

しかし、増配が続き2018年度の配当は120円になりました。購入時点の株価で配当利回りを計算すると、6.67％になります。**配当利回りが上がるほど、株価が少々下落しても配当で取り返せるようになってくる**ので、この点もメリットです。

連続増配株のランキング

本書執筆時点で、日本の株銘柄を連続増配年数でランキングすると、次頁の表2.7のようになっていました。

連続増配を続けるのは容易ではありません。特に、2008年にリーマンショックがあって、多くの銘柄が減配や無配に追い込まれたことが大きく、10年を超えて連続増配した銘柄は数が限られています。

逆にいえば、表2.7の銘柄はリーマンショックにも負けずに連続増配したことになり、非常に優秀だといえるでしょう。

●表2.7　連続増配年数のランキング（2019年11月28日時点）

順位	銘柄（証券コード）	連続増配年数	株価（円）	予想配当（円）	配当利回り（%）
1	花王（4452）	29	8,613	130	1.51
2	リコーリース（8566）	24	3,785	90	2.38
3	SPK（7466）	21	2,844	70	2.46
4	三菱UFJリース（8593）	20	705	25	3.55
4	小林製薬（4967）	20	8,980	68	0.78
4	ユー・エス・エス（4732）	20	2,130	55.4	2.60
7	沖縄セルラー電話（9436）	19	3,880	136	3.51
8	トランコム（9058）	18	7,440	104	1.40
8	プラネット（2391）	18	1,577	40.5	2.57
10	KDDI（9433）	17	3,178	110	3.46
10	みずほリース（8425）	17	3,265	82	2.51
10	芙蓉総合リース（8424）	17	7,230	200	2.77
10	サンドラッグ（9989）	17	3,855	68	1.76
15	東京センチュリー（8439）	16	5,870	134	2.28
15	リログループ（8876）	16	2,875	29	1.01
15	アルフレッサHD（2784）	16	2,332	50	2.14
15	高速（7504）	16	1,201	30	2.50
15	JT（2914）	16	2,487.5	154	6.19
15	パンパシフィック・インターナショナルHD（7532）	16	1,793	11	0.61

理想的な長期連続増配株の例

　表2.7の銘柄の中で、業績・財務ともに非常に優秀な銘柄として、**ユー・エス・エス（4732）**を取り上げます。

　ユー・エス・エスは中古車オークションの会場運営を行っている企業で、北は北海道から南は鹿児島まで、全国19か所の会場を持っています。

　2010年3月期から2019年3月期で、売上が前年を下回った年は2回だけです。また、1株当たり利益は毎年増えていて、2019年3月期は2010年3月期の約2.5倍に、1株当たり配当はその間に3倍になっています。

さらに、売上に対する経常利益の割合が50％近くあり、かなり高収益です（図2.12）。

●図2.12 ユー・エス・エスの業績の推移

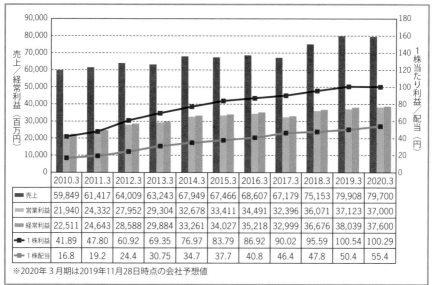

	2010.3	2011.3	2012.3	2013.3	2014.3	2015.3	2016.3	2017.3	2018.3	2019.3	2020.3
売上	59,849	61,417	64,009	63,243	67,949	67,466	68,607	67,179	75,153	79,908	79,700
営業利益	21,940	24,332	27,952	29,304	32,678	33,411	34,491	32,396	36,071	37,123	37,000
経常利益	22,511	24,643	28,588	29,884	33,261	34,027	35,218	32,999	36,676	38,039	37,600
1株利益	41.89	47.80	60.92	69.35	76.97	83.79	86.92	90.02	95.59	100.54	100.29
1株配当	16.8	19.2	24.4	30.75	34.7	37.7	40.8	46.4	47.8	50.4	55.4

※2020年3月期は2019年11月28日時点の会社予想値

●図2.13 ユー・エス・エスの株価の動き

月足/2010.4〜2019.10

提供：ゴールデン・チャート社

財務も非常に良好で、自己資本比率は約80％とかなり高いです。ネットキャッシュも500億円近く保有しています。

　もちろん株価も上昇していて、過去10年で4倍程度になっています（図2.13）。また、リーマンショックの頃にはさすがに株価が下落しましたが、日経平均と比べれば下げ幅は小さくて済んでいます。

　本書執筆時点でPERは約20倍あり、市場平均よりは高めです。ただ、安定的に成長していて、連続配当を続けていることを勘案すれば、それほど割高ではないと考えられます。

長期にわたり減配していない銘柄も良い

　増配を続ける銘柄は理想的ですが、数が限られています。そこで、「長期にわたって減配していない（増配または配当据え置きが続いている）銘柄」にも投資対象を広げることが考えられます。ただし、「過去10年で増配が1回だけで、あとは配当据え置き」のような銘柄だとあまり好ましくありませんので、**増配の年がある程度多いことが必要**です。

　日本の上場企業では、利益の増減に関係なく、毎年安定した配当を出すところもあります。また、毎年ではないものの、徐々に配当を増やしているような企業もあります。

　例えば、リースを中心に保険やプロ野球などにも展開している**オリックス（8591）**は、売上や利益が増加傾向で、2011年3月期から9期連続で増配してきています。2020年3月期は減益予想で、配当は据え置き予想で残念ながら連続増配はストップしそうですが、増配路線に戻る可能性は十分にありそうです。本書執筆時点ではPERが8倍弱と比較的割安でもあります。

　このように、**株価の動きが安定し、配当を徐々に引き上げていて、かつ配当利回りが高い銘柄であれば、長期的に保有して配当で地道に稼いでいくのに適している**といえます。

　表2.8は、過去10年で5回以上増配していて減配がなく、本書執筆時点の今季予想配当利回りが比較的高く、かつ増配または据え置き予想の銘柄の例です。

●表2.8 過去10年で5回以上増配し減配がなく、かつ今期予想配当利回りが比較的高い銘柄
（2019年11月28日時点）

銘柄（証券コード）	株価（円）	PER（倍）	予想配当（円）	配当利回り（%）
日本ピストンリング（6461）	1,450	17.04	75	5.17
FPG（7148）	1,120	9.83	60.1	5.37
SUBARU（7270）	2,906	13.67	144	4.96
双日（2768）	347	6.02	17	4.90
三菱ケミカルHD（4188）	824.4	8.94	40	4.85
みらかHD（4544）	2,717	20.37	130	4.78
佐藤商事（8065）	905	7.19	43	4.75
高島（8007）	1,712	5.50	80	4.67
イーグル工業（6486）	1,071	12.82	50	4.67
日本電気硝子（5214）	2,361	28.51	110	4.66
日鉄物産（9810）	4,960	6.67	230	4.64
りそなHD（8308）	463.2	6.67	21	4.53
大東建託（1878）	13,630	10.59	616	4.52
北川鉄工所（6317）	2,237	6.98	100	4.47
三井住友FG（8316）	4,011	7.91	180	4.49
三菱UFJFG（8306）	579.4	－	25	4.31
イチカワ（3513）	1,507	24.20	65	4.31
マーベラス（7844）	766	15.24	33	4.31
神鋼商事（8075）	2,560	4.93	110	4.30
兼松（8020）	1,399	6.88	60	4.29
コマツ（6301）	2,566	13.45	110	4.28
佐鳥電機（7420）	898	21.11	38	4.23
MS&AD HD（8725）	3,556	10.31	150	4.22
オリックス（8591）	1,803	7.69	76	4.22
蔵王産業（9986）	1,458	11.83	61	4.18
河西工業（7256）	865	12.39	36	4.16
ムゲンエステート（3299）	724	9.00	30	4.14
コーセーアールイー（3246）	809	8.93	33	4.08
ヒノキヤグループ（1413）	2,243	8.56	90	4.01
NTTドコモ（9437）	3,010	17.35	120	3.98
ふくおかFG（8354）	2,150	2.75	85	3.95

※三菱UFJFGは今期予想利益を発表していない

2-6

大型安定高配当株で 安定的に配当を取る

大型株は株価の動き方が比較的安定しており、長期保有して高い配当を得ていくのに適しています。

大型安定高配当株で安定的に配当を享受

株で長期投資するには、「その銘柄を落ち着いて持ち続けられること」が重要です。そのためには業績や財務が安定していて、株価が穏やかに上昇していく銘柄が望ましいです。

大型株で、なおかつ業績が安定して推移している銘柄であれば、株価の動きも穏やかになりやすい傾向があります。

例えば、**NTTドコモ（9437）**は、業績は徐々に伸びています。配当も増やしており、配当利回りは４％程度で推移しています（図2.14）。また、株価もそれに沿って徐々に上昇してきています（図2.15）。

こういった銘柄であれば、安心して長く持ち続けられやすいでしょう。

大型安定高配当株の探し方

大型安定高配当株を実際に探す方法を考えてみましょう。株価が安定的に推移するためには、業績が順調に伸びていくことが必要です。そこで、「売上や利益がほぼ毎年増えている」ということが条件になってきます。

また、配当も増えていることが必要です。ただ、前節で述べたように、毎年増配し続ける銘柄はあまり多くはありません。そこで、「減配していない」ことを条件にすると良いでしょう。

さらに、「**大型株である**」という条件をプラスします。ただ、現在の東証の定義では、「時価総額が大きく、流動性が高い銘柄」の上位100銘柄を大型株としていて、その100銘柄の中から銘柄を選ぶことになり、数がかなり限定されてしまいます。

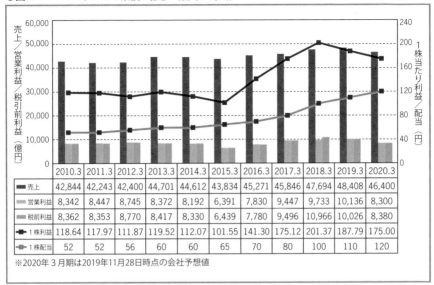

●図2.14　NTTドコモの業績の推移（各年3月期）

	2010.3	2011.3	2012.3	2013.3	2014.3	2015.3	2016.3	2017.3	2018.3	2019.3	2020.3
■売上	42,844	42,243	42,400	44,701	44,612	43,834	45,271	45,846	47,694	48,408	46,400
営業利益	8,342	8,447	8,745	8,372	8,192	6,391	7,830	9,447	9,733	10,136	8,300
税前利益	8,362	8,353	8,770	8,417	8,330	6,439	7,780	9,496	10,966	10,026	8,380
■1株利益	118.64	117.97	111.87	119.52	112.07	101.55	141.30	175.12	201.37	187.79	175.00
1株配当	52	52	56	60	60	65	70	80	100	110	120

※2020年3月期は2019年11月28日時点の会社予想値

●図2.15　NTTドコモの株価の推移　　月足/2010.4～2019.10

提供：ゴールデン・チャート社

　そこで、これもやや条件を緩めて、「時価総額が○○億円以上」のような
形で条件を付けるようにしてみます。

大型安定高配当株を探す

　ここまでで条件の考え方を述べましたが、より具体的に以下のような条件をつけて銘柄を探してみました。

①過去10年で売上が増加した回数が7回以上
②過去10年で1株当たり利益が増加した回数が7回以上
③過去10年で減配したことがない
④時価総額は3,000億円以上
⑤PERは20倍未満

　ただ、単純にランキング上位の銘柄が良いかというと、そうではありません。例えば、上記の条件で検索してみると、配当利回り1位は**日産自動車（7201）**でした。しかし、日産自動車はカルロス＝ゴーン前会長の不祥事の問題が継続しており、今後に不安があります。後任の西川社長兼CEOも報酬上乗せの問題で2019年9月に辞任しています。こういった銘柄は避けた方が無難です。

　そこで、各銘柄の財務諸表や株価の動き、最近の動向などを細かく精査し、良い銘柄を探していくようにします。

　見つかった銘柄の中で、中長期での投資に向いていそうな銘柄を2019年11月28日時点の予想配当利回りの高い順に並べ替えてみると、表2.9のようになりました。

　この表の中では、株主還元に積極的な銘柄として、金属加工機器メーカーの**アマダホールディングス（6113）**があります。2014年5月に、「2015年3月期と2016年3月期の利益すべてを配当と自社株買いに回す」と発表したことがあり、その後も配当性向50％をめどとして増配してきました（図2.16）。2020年3月期は、予想1株当たり利益が93.94円であるのに対し、予想1株配当が48円です。配当性向は約51％になり、配当性向50％以上を維持しています。

●表2.9　大型安定高配当株投資に向いていそうな銘柄（2019年11月28日時点）

銘柄（証券コード）	株価（円）	PER（倍）	予想配当（円）	配当利回り（%）
大東建託（1878）	13,630	10.59	616	4.52
三井住友フィナンシャルグループ（8316）	4,011	7.91	180	4.49
イオンフィナンシャルサービス（8570）	1,641	－	68	4.14
住友ゴム工業（5110）	1,408	12.34	55	3.91
アマダホールディングス（6113）	1,231	13.10	48	3.90
東京海上ホールディングス（8766）	5,964	12.93	225	3.77
ブリヂストン（5108）	4,393	11.63	160	3.64
KDDI（9433）	3,178	11.98	110	3.46
大和ハウス工業（1925）	3,381	8.87	115	3.40
セブン銀行（8410）	342	15.18	11	3.22
クラレ（3405）	1,315	7.21	42	3.19
豊田通商（8015）	3,835	9.00	120	3.13
いすゞ自動車（7202）	1,300.5	10.66	38	2.92
横浜ゴム（5101）	2,265	8.65	62	2.74
積水化学工業（4204）	1,926	13.28	46	2.39
東京センチュリー（8439）	5,870	11.48	134	2.28

※イオンフィナンシャルサービスは今期予想利益を発表していない

●図2.16　アマダホールディングスの業績の推移（各年3月期）

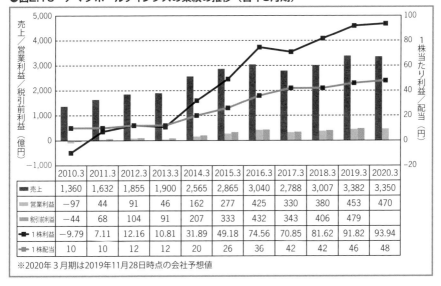

	2010.3	2011.3	2012.3	2013.3	2014.3	2015.3	2016.3	2017.3	2018.3	2019.3	2020.3
売上	1,360	1,632	1,855	1,900	2,565	2,865	3,040	2,788	3,007	3,382	3,350
営業利益	−97	44	91	46	162	277	425	330	380	453	470
税引前利益	−44	68	104	91	207	333	432	343	406	479	
1株利益	−9.79	7.11	12.16	10.81	31.89	49.18	74.56	70.85	81.62	91.82	93.94
1株配当	10	10	12	12	20	26	36	42	42	46	48

※2020年3月期は2019年11月28日時点の会社予想値

本書執筆時点では、株価が1,100円台なのに対し、2020円3月期配当は48円の予想で、配当利回りは4％を超えています。業績の伸びに沿って株価も上がっていますが（図2.17）、PERは12倍程度で、特に割高ではありません。

　ただし、機械メーカーなので、景気の影響を受けやすい点には注意が必要です。図2.16でもわかるように、リーマンショック後の2010年3月期には赤字に転落したことがあります。

　一方、手堅く配当を得られそうな銘柄としては、本書の冒頭で紹介した**KDDI（9433）**があります。2003年3月期以降17期連続増配を達成していて、2020年3月期も増配の見通しです。

　リーマンショックの影響があった2009年や2010年も、業績はほとんど悪化しておらず、景気の影響を受けにくい傾向もみられます。

●図2.17　アマダホールディングスの株価の推移

提供：ゴールデン・チャート社

成長期待の高い連続増配株に投資する

現状での配当利回りがそれほど高くなくても、成長中で増配傾向の銘柄であれば、保有を続ける間に配当利回りが上がっていきます。

小型成長株は成功すると大きなリターンがある

大型株は株価が比較的安定していますが、一方で株価が大きく上がる可能性も高くはないといえます。着実に配当を得ながら株価上昇もなるべく狙いたいので、大型株だとやや物足りないという方もおられるのではないでしょうか。

そのような場合、小型の成長株に投資して、将来への夢にかけるというのも1つの手法です。成功すれば株価は大きく上昇し、また配当も大きく増えるので、大きなリターンを上げられます。

●配当が大きく伸びた小型成長株の例（ヒノキヤ）

実際に株価と配当が大きく伸びた銘柄の例として、住宅メーカーの**ヒノキヤグループ（1413）**を紹介します。ヒノキヤグループは木造やRCの注文住宅や、リフォーム、分譲住宅販売、中古マンション仲介なども行っている企業です。2007年11月に名古屋証券取引所第二部に上場してから、まだ12年ほどしかたっていません。2018年2月に東証一部入りを果たしたばかりです。

上場時点の株価はおよそ158円（株式分割を考慮）でしたが、業績の拡大に伴って大きく上昇し、2018年4月には高値で4,540円をつけました。その後は下落したものの、本書執筆時点で2,000円前後であり、上場時と比べておよそ13倍になっています（図2.18）。

また、配当も大きく増えていて、2019年12月期の配当は年90円を予定しています。仮に上場時に買って持ち続けていたとすれば、現在の配当利回りは年57％にもなる計算です（図2.19）。

●図2.18　ヒノキヤグループの株価の推移

月足/2010.4〜2019.10

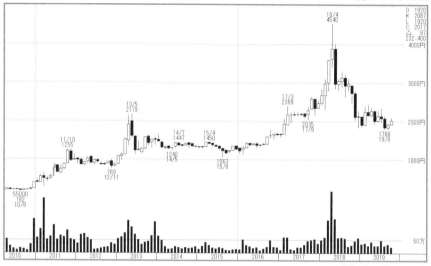

提供：ゴールデン・チャート社

●図2.19　ヒノキヤグループの業績の推移（各年12月期）

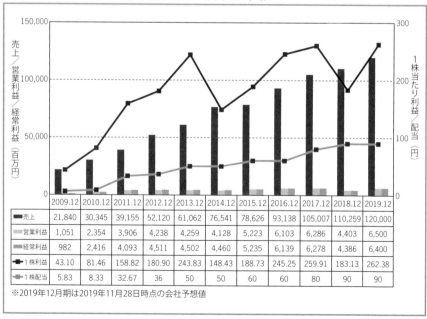

	2009.12	2010.12	2011.12	2012.12	2013.12	2014.12	2015.12	2016.12	2017.12	2018.12	2019.12
■売上	21,840	30,345	39,155	52,120	61,062	76,541	78,626	93,138	105,007	110,259	120,000
営業利益	1,051	2,354	3,906	4,238	4,259	4,128	5,223	6,103	6,286	4,403	6,500
経常利益	982	2,416	4,093	4,511	4,502	4,460	5,235	6,139	6,278	4,386	6,400
■1株利益	43.10	81.46	158.82	180.90	243.83	148.43	188.73	245.25	259.91	183.13	262.38
1株配当	5.83	8.33	32.67	36	50	50	60	60	80	90	90

※2019年12月期は2019年11月28日時点の会社予想値

連続増配株は不動産業や住宅メーカーが多い

　成長期待を持つことができて、なおかつ配当も得られそうな銘柄として、以下のような条件で銘柄を探してみました。

①設立から30年以内
②最近5期で減配していない
③売上や利益が増加傾向
④PERが高すぎない

　すると、新興の不動産業や住宅メーカーが多く見つかりました（表2.10）。かつてのリーマンショックの頃に、新興の不動産業や住宅メーカーはかなりダメージを受け、多くの企業が倒産しました。そして、そのときの苦境の中で生き延びた企業が、この10年で成長して売上や利益が伸び、配当を伸ばしてきました。

　これらの企業の中には、特定の地域で強く、全国展開する余地があるところがあります。営業するエリアを広げれば成長を持続できそうですので、投資する妙味はあると思われます。

　例えば、**グランディハウス（8999）**は栃木県の企業で、主に北関東に展開しています。徐々にエリアを広げており、成長の余地はまだありそう

●表2.10　成長中の連続増配株には不動産業や住宅メーカーが多い（2019年11月28日時点）

銘柄（証券コード）	株価（円）	予想配当（円）	配当利回り（%）	PER（倍）
フージャースホールディングス（3284）	697	35	5.02	8.10
グランディハウス（8999）	468	23	4.91	6.14
日本エスコン（8892）	979	35	3.58	8.59
サンフロンティア不動産（8934）	1,283	39.5	3.08	6.58
三栄建築設計（3228）	1,633	48	2.94	5.33
プレサンスコーポレーション（3254）	1,774	52	2.93	5.12
オープンハウス（3288）	2,864	80	2.79	7.18
エスリード（8877）	2,170	40	1.84	6.57

です。業績の割に株価が安く配当利回りも良さそうです（図2.20、図2.21）。

　ただし、もしリーマンショック級の異変が再度起こると、これらの企業は業績が大きく悪化する恐れがあるので、その点には注意が必要です。

●図2.20　グランディハウスの業績の推移（各年3月期）

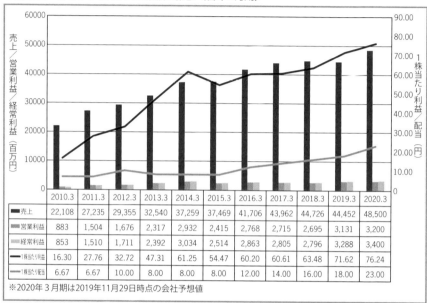

	2010.3	2011.3	2012.3	2013.3	2014.3	2015.3	2016.3	2017.3	2018.3	2019.3	2020.3
■売上	22,108	27,235	29,355	32,540	37,259	37,469	41,706	43,962	44,726	44,452	48,500
■営業利益	883	1,504	1,676	2,317	2,932	2,415	2,768	2,715	2,695	3,131	3,200
経常利益	853	1,510	1,711	2,392	3,034	2,514	2,863	2,805	2,796	3,288	3,400
1株当たり利益	16.30	27.76	32.72	47.31	61.25	54.47	60.20	60.61	63.48	71.62	76.24
1株当たり配当	6.67	6.67	10.00	8.00	8.00	8.00	12.00	14.00	16.00	18.00	23.00

※2020年3月期は2019年11月29日時点の会社予想値

●図2.21　グランディハウスの株価の推移

月足/2010.4〜2019.10

提供：ゴールデン・チャート社

銘柄（証券コード）	株価（円）	予想配当（円）	配当利回り（%）	PER（倍）
FPG（7148）	1,120	60.1	5.37	9.83
アビスト（6087）	2,695	102	3.78	12.50
アジアパイルホールディングス（5288）	550	20	3.64	6.45
TOW（4767）	849	30	3.53	14.11
トラスト・テック（2154）	1,372	40	2.92	15.14
ユナイテッドアローズ（7606）	3,330	83	2.49	14.10
あいホールディングス（3076）	2,000	45	2.25	16.05

不動産系以外の企業にも銘柄はある

　ここまでで述べたように、本書執筆時点では、成長性が高くて連続増配している銘柄は不動産関係が多い傾向があります。ただ、それ以外の業種の銘柄もいくつかあります（表2.11）。

　これらの銘柄の中では、**FPG（7148）** の伸びが著しいです（図2.22）。FPGはオペレーティングリースを活用した節税商品などを販売する企業で、2010年9月に上場したばかりです。

●図2.22　FPGの業績の推移（各年9月期、2012年9月期まで単独、以後は連結）

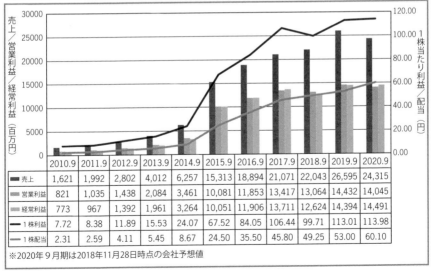

	2010.9	2011.9	2012.9	2013.9	2014.9	2015.9	2016.9	2017.9	2018.9	2019.9	2020.9
■売上	1,621	1,992	2,802	4,012	6,257	15,313	18,894	21,071	22,043	26,595	24,315
■営業利益	821	1,035	1,438	2,084	3,461	10,081	11,853	13,417	13,064	14,432	14,045
■経常利益	773	967	1,392	1,961	3,264	10,051	11,906	13,711	12,624	14,394	14,491
━1株利益	7.72	8.38	11.89	15.53	24.07	67.52	84.05	106.44	99.71	113.01	113.98
━1株配当	2.31	2.59	4.11	5.45	8.67	24.50	35.50	45.80	49.25	53.00	60.10

※2020年9月期は2018年11月28日時点の会社予想値

2

高配当株・連続増配株のタイプ別投資戦略

●図2.23　FPGの株価の推移

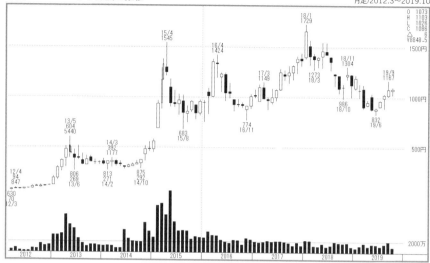

月足/2012.3〜2019.10

提供：ゴールデン・チャート社

　上場時と比べると、売り上げや利益は10倍以上に、配当は20倍以上にな
っています。一方、株価も大きく上昇していますが、本書執筆時点でPER
は10倍強で比較的割安で、配当利回りも５％程度あります（図2.23）。

配当を出し始めて間もない銘柄を狙う

　新興企業で、配当を出し始めてからまだ間もない銘柄もあります。そう
いった企業は、現時点では配当利回りは低いですが、**成長するにつれ配当
が大きく増えていき、株価も大きく上がる可能性**があります。

　思ったほど成長性がなく、株価が上がらず配当も増えないというリスク
もありますが、将来性に賭けてみるのも良いかもしれません。表2.12は、

●表2.12　配当を出し始めて間もないが成長性がありそうな銘柄（2019年11月28日時点）

銘柄（証券コード）	株価（円）	予想配当（円）	配当利回り（%）	PER（倍）
日本モーゲージサービス（7192）	1,638	35	2.14	14.06
No.1（3562）	1,115	30	2.68	14.80
ソフトブレーン（4779）	573	8.5	1.48	19.99
スシローグローバルホールディングス（3563）	8,640	90	1.04	24.55
キュービーネットホールディングス（6571）	2,579	19	0.74	22.98

配当を出し始めてまだ3期以内で、成長性がありそうな銘柄の例です。

これらの中で、1,000円カットのQBハウスで知られる**キュービーネットホールディングス（6571）**は、日本国内にまだ出店余地があり、海外進出も進めているので、着実に成長していきそうです（図2.24、図2.25）。

●図2.24　キュービーネットホールディングスの業績の推移（各年6月期）

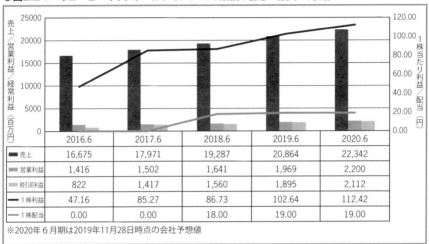

	2016.6	2017.6	2018.6	2019.6	2020.6
■売上	16,675	17,971	19,287	20,864	22,342
■営業利益	1,416	1,502	1,641	1,969	2,200
■税引前利益	822	1,417	1,560	1,895	2,112
―1株利益	47.16	85.27	86.73	102.64	112.42
―1株配当	0.00	0.00	18.00	19.00	19.00

※2020年6月期は2019年11月28日時点の会社予想値

●図2.25　キュービーネットホールディングスの株価の推移　　　　週足/2018.8〜2019.10

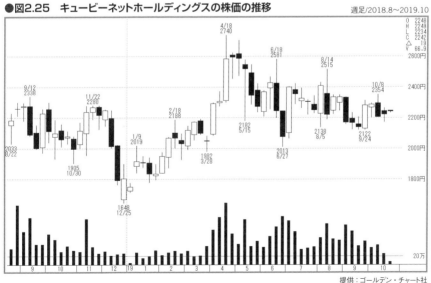

提供：ゴールデン・チャート社

2-8

スクリーニングを活用して投資銘柄を探す

　投資に適した連続増配株・高配当株を探す際には、条件を設定してスクリーニングすることが重要です。上手なスクリーニングの仕方や、その後の銘柄選びなどについてまとめます。

スクリーニングと手作業を組み合わせる

　日本には上場企業が多数あります。東証一部だけで2,000銘柄を超えており、その他の市場も合わせればおよそ3,750銘柄もあります。それらすべてを手作業で調べるのは、ちょっと無理でしょう。

　そこで、**「スクリーニング」を活用して銘柄をある程度絞り込み、その中からさらに個々の銘柄を詳しく見ていく**、という手法を取るようにします。

　スクリーニングとは、条件を指定して機械的に銘柄を抽出することです。ネット証券の投資情報サービスなどで、この機能が提供されています。

　ただ、それらの機能では、最新の業績情報を用いるのはできますが、過去の情報も含めたスクリーニングはあまりできません。また、本書では連続増配株を取り上げていますが、「過去10年にわたって連続増配」のような銘柄を探せるスクリーニングサービスは、筆者が知る限りではないようです。

　そのため、1つのスクリーニングのサービスだけで銘柄を探すことはできません。複数のサービスを組み合わせたり、スクリーニングである程度銘柄を絞った上で、手作業で細かく見ていくなどの作業が必要になります。

マネックス証券の「銘柄スカウター」を使う

　投資に適した連続増配株を探すには、「売上や利益が増加傾向」という条件が重要です。このようなスクリーニングができるサービスの例として、マネックス証券の「銘柄スカウター」があります。

銘柄スカウターは61ページでも紹介しましたが、そこで紹介した機能以外に、「10年スクリーニング」という機能があります（図2.26）。これを使うと、「過去10年で売上が増加傾向」のような条件で、銘柄を探すことができます。例えば、以下のような条件検索も可能で、とても便利です。

①過去10年で売上が増加した回数が7回以上
②過去10年で当期純利益が増加した回数が7回以上
③今期予想PERが15倍以下

●図2.26　「銘柄スカウター」の10年スクリーニング（マネックス証券）

出所：https://www.monex.co.jp

会社四季報CD-ROMを使う

　企業の業績や財務を調べる際に、東洋経済新報社の会社四季報を利用する人は多いと思われます。書籍版の四季報も使いやすいですが、パソコン用ソフトの「会社四季報CD-ROM」（年４回発売・7,619円税込）を使うと、さらに豊富な情報を得ることができます。

　また、CD-ROM版には、書籍版の四季報にはない特徴として、強力なスクリーニング機能があります。複雑な条件を指定して、ネット証券等のスクリーニング機能よりもはるかに柔軟なスクリーニングを行うことが可能です。

　業績のデータは過去９年分＋今期予想＋来期予想の11年分が収録されています。それらを組み合わせて条件を設定できますので、「過去10年間連続増配銘柄」や、「過去10年間で減配していない銘柄」を探すことができます。ただ複雑な条件を設定するには、ある程度の条件式の知識が必要かと思われます。

　スクリーニング機能の使い方は、会社四季報CD-ROMのヘルプ等をご参照ください。

長期間の株価の動きを見るなら
チャートソフトが便利

　銘柄を選ぶ際には、過去の景気動向や大きなニュース・出来事と照らし合わせながら、長期間の株価の動きを調べたいことも多いです。そんなときはチャートソフトが便利です。一例を紹介します。

GC HELLO TREND MASTER®の概要

　株のチャートソフトは幾つかのメーカーが販売していますが、中でもゴールデン・チャート社の「GC HELLO TREND MASTER®」はよく使われています。

●長期間のチャートを表示できる

　GC HELLO TREND MASTER®では、日足は3,000日（約12年間）／週

●図2.27　長期間のチャートを表示することができる

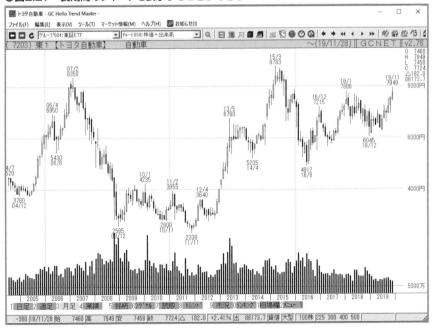

2

高配当株・連続増配株のタイプ別投資戦略

●表2.13　対応している主なテクニカル指標

分類	種類
トレンド系等	移動平均線（終値／高値／安値／始値／指数平滑）、伴線（エンベロープ）、コスト移動平均線、ボリンジャーバンド、一目均衡表、パラボリック、GCR、一次回帰線、回帰トレンド、相対株価、新値足、カギ足、P&F、フィボナッチ、平均足変換
オシレータ系等	ROC、指数化、乖離率、乖離率平均、短長平均線乖離率、コスト平均乖離率、RSI、RSI平均、RCI、RCI平均、モメンタム、モメンタム平均、サイコロジカルライン、ストキャスティクス、MACD、MACD平均（シグナル）、MACDヒストグラム、DMI（＋DI／－DI／ADX／ATR）、コポック買い指標、GCV、GCV平均、弾性値、標準偏差ボラティリティ、ヒストリカルボラティリティ、リスク度、循環行程係数、循環行程係数平均、ボリンジャーσ値
出来高系等	出来高移動平均、出来高平均乖離率、出来高GCV、ボリュームレシオ、V-RSI、株価帯別出来高、OBV、信用残、貸借倍率、売買代金、1値あたり出来高平均、逆ウォッチ曲線、PVR、VORTEX
その他	相関係数、対数目盛り、ドル換算株価、EPSライン

足は1,000週（20年弱）／月足は500か月（40年強）という長期間のチャートを見ることができます。過去の株価の動向を知る上で、とても役立ちます（図2.27）。

●多彩なテクニカル指標に対応

　表示できるテクニカル指標は50以上にのぼり、一般的に使われている指標はほとんど網羅しています（表2.13）。同社独自の指標の「GCV」や「VORTEX」といったものもあり、これだけあれば、個人投資家にとってまず思い通りの詳細な分析が可能だといえるでしょう。

●スクリーニング機能も充実

　このソフトには、スクリーニングの機能もあります。あらかじめ登録された多くの検索条件の中から選択するだけで検索できる「ハロー設定」のほか、複数のテクニカル指標や業績／財務指標を組み合わせて自由に条件設定ができる「ユーザー設定」もあります。

　検索の条件は500種類登録できますので、自分好みの方法をいろいろ登録しておくことができます。

GC HELLO TREND MASTER®の利用料金

　利用料金は、初期費用33,000円、月額料金9,130円となっています。半年払いは5％引きの52,041円、年払いは10％引きの98,604円と、割引があります（金額はすべて税込み）。

高配当株・連続増配株の
買い方と売り方

高配当株・連続増配株の基本は中長期投資

株式投資の基本として、「長期投資」の考え方があります。さまざまな投資手法の中で、高配当・連続増配株投資は特に長期投資向けの手法です。

数年スパンで保有すると報われる投資になりやすい

株式投資をしている人なら、だれしも「買値よりも株価が下がって損した」という経験があるでしょう。特に、短期間で売買を繰り返すスタイルだと、日々の細かな値動きによって損失が出ることも少なくありません。

しかし、企業は売上や利益を少しでも伸ばそうと必死に事業を行っています。業績がさほどひどくない企業であれば、ある程度時間が経過すればコスト削減や業務改善などを行って売上や利益を伸ばし、株価も回復することは普通にあります。

特に、高配当株・連続増配株は売上や利益が順調に伸びているからこそ、高配当や連続増配が可能な銘柄ですから、一時的に株価が下がることはあっても、いずれは戻りやすいものです。また、保有中に受けとる配当で、少々の損失はカバーすることができます。

極端な例ですが、リーマンショックと本書執筆時点とを比較してみます。リーマンショックでは大半の銘柄が暴落し、底値ではリーマンショック前の高値から半分や3分の1に下がりました。

しかし、多くの銘柄の株価は、時間はかかりましたが回復しています。リーマンショック前のピークに近い2007年3月末と、本書執筆時点の2019年10月末とで東証一部銘柄の値上がり率を調べてみると、半数以上の銘柄はリーマンショック前を上回っています。リーマンショック後に大きく上昇した銘柄も結構ありますので、全銘柄の値上がり率を平均すると約74％になっていました。

しかも、上記の約12年間には配当も出ています。配当を加味すれば、リ

ーマンショック前に買った銘柄も、現在まで保有し続けていれば、大半は利益が出ています。

このように、高配当株・連続増配株は長期投資すれば報われる可能性は高いと考えられます。厳選して買った銘柄は、基本的には長期保有して、やたらと売ることはしないようにします。

なるべく安いときに買えればベスト

高配当株では、短期売買とは異なり、買いのタイミングはあまりシビアに考える必要はありません。とはいえ、安いときに買えればそれに越したことはありません。

株価が高いときに買ってしまうと、その後に株価が下落し、買値を下回る期間が長くなりがちです。その間は、「このまま持ち続けても大丈夫だろうか」という不安がよぎります。

株式投資においても、メンタル面は重要で、「不安」は最大の敵だといえます。不安から判断を焦り、後悔する結果になることはよくあります。

では、「なるべく安いとき」とは、どんなときでしょうか？　これについては、この後の106ページや108ページで解説します。

多少の株価変動で慌てて売らない

買った株が値上がりし続けてくれれば理想的ですが、そうはいきません。上がることもあれば下がることもあります。

株価が下がると、その分だけ利益が消え、「あの時売っておけば良かった」という気持ちになりがちです。しかし、長期投資では株価の動きに一喜一憂せずに持ち続け、少々の株価下落があっても動じないようにします。

一方で、株価が上がって利益が出ると、「早く利益を確定したい」という気持ちになりやすいです。しかし、長期投資ではその気持ちもぐっと抑えて、保有を続けるようにします。

ただ、株価が大きく変動した場合は、状況によって売ることも考えられます。売るタイミングについては、後の121ページや123ページで解説します。

上昇中に押し目を
つけたときに買う

押し目＝上昇中の一時的な下落

　多くの銘柄の株価の動きを見てみると、ひたすらに上がり続けることはほとんどなく、上がっては少し下がり、その後にまた上がるといった動き方をします。このような上昇中の一時的な下落のことを、「**押し目**」と呼びます（図3.1）。

●図3.1　押し目買い

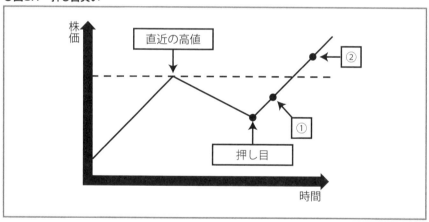

押し目の後に買う「押し目買い」

　押し目と判断して買うのが「**押し目買い**」です。しかし、そこが押し目なのか、それともあまり上がらずに反落して下落方向へ転換するのかは、それを過ぎてからある程度時間が経過しないと判断できません。したがって、押し目買いは押し目から幾分遅れてから行うことになります。図3.1でいうと、①のあたりで買うことになります。

また、押し目の後で、その直近の高値を上回ってきた場合は上昇が続きやすいと判断し、そのタイミングで買うこともよくあります。図3.1でいうと、直近の高値から引いた点線を株価が上回ったあたり（②の箇所）で買う形になります。

●押し目買いの例（カカクコム）

　図3.2は、**カカクコム（2371）**の2019年1月〜10月の日足チャートを例に、押し目と押し目買いのタイミングを入れた例です。

　このチャートの間は、カカクコムの株価は上昇トレンドが続いています。しかし、その途中の「押し目①」と「押し目②」で、一時的に下落して押し目ができています。

　その後の「買い①A」や「買い②A」は、それまでの下落とは株価の動きが変わっているので、「押し目を過ぎて上昇が継続するのではないか」と判断できそうなポイントです。これらのポイントで買うのが、押し目買いの1つの方法です。

　また、それらの後の「買い①B」や「買い②B」は、押し目の前の高値を上回ったところです。これらも買いのタイミングに当たります。

●図3.2　押し目買いの例（カカクコム）　　　　　　　　　月足/2019.1〜2019.10

提供：ゴールデン・チャート社

3-3 買い方②

市場全体が急落したときに買う

市場では時々パニック的な売りが起こる

　株式市場の動きを見ていると、年に１〜２回程度、市場全体的に株価が大きく下落することがあります。世界的に何らかの大きな悪材料が出て、日本もそれに巻き込まれるというのが、急落の原因です。

　例えば2019年４月下旬から６月初めにかけて、急落がありました。アメリカのトランプ大統領が、中国製品に対し高い関税を仕掛け、それに対抗して中国も報復関税をかけるという貿易摩擦が起こっています。それが激化して世界経済が悪化するという見方から、急落が起こりました。

　日経平均株価は４月24日に高値で22,362.92円をつけましたが、６月４日には安値で20,298.64円をつけ、１か月強でおよそ10％もの値下がりになりました。

●図3.3　2019年は米中貿易摩擦問題で2回の急落があった

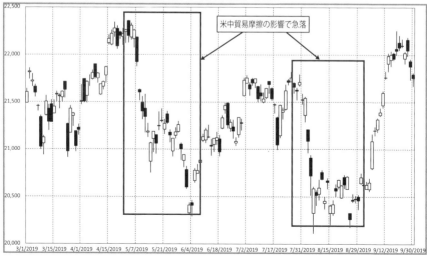

●表3.1　近年の市場全体的な急落の例

急落と底の時期	日数	急落した背景	急落直前の日経平均株価の高値（円）	底の日経平均株価の安値（円）	下落率
2019年7月25日〜2019年8月6日	13	米中貿易摩擦	21,823.07	20,110.76	7.8%
2019年4月24日〜2019年6月4日	42	米中貿易摩擦	22,362.92	20,289.64	9.3%
2018年10月2日〜2018年12月26日	86	アメリカの金利上昇など	24,448.07	18,948.58	22.5%
2018年1月23日〜2018年2月14日	23	アメリカの利上げ	24,129.34	20,950.15	13.2%
2017年3月13日〜2017年4月17日	36	北朝鮮情勢の緊迫化	19,656.48	18,224.68	7.3%
2015年12月1日〜2016年2月12日	74	世界的な景気減速懸念	20,012.40	14,865.77	25.7%
2015年8月11日〜9月29日	50	中国市場の急落	20,946.93	16,901.49	19.3%
2014年12月30日〜2014年2月5日	38	原油安やギリシャ不安	16,320.22	13,995.86	14.2%
2013年5月23日〜6月13日	22	米国の金融緩和縮小示唆	15,942.60	12,415.85	22.1%
2011年7月22日〜8月9日	19	世界的な景気後退懸念	10,149.18	8,656.79	14.7%
2011年3月4日〜3月15日	12	東日本大震災	10,768.43	8,227.63	23.6%

　また、2019年7月下旬から8月下旬にかけても、米中貿易摩擦問題が再燃して株価が急落しました（図3.3）。

　ときには、もっと大きな急落が起こることもあります。例えば、2018年10月上旬から12月下旬にかけて、アメリカの金利上昇や世界経済の不透明感などから、大幅な下落となりました。日経平均株価は2018年10月2日に高値で24,448.07円をつけましたが、12月26日には安値で18,948.58円まで下落し、20%を超える下落になりました。

　これらの他に、2011年以降だと、表3.1のような急落が起こっています。2015年12月〜2016年2月では下落率は25.7%にもなり、底までの日数も74日間と長くなりました。

市場全体の急落時を狙って買う

　市場全体が急落するときには、個別の銘柄もほとんどは大きく下落します。高配当株・連続増配株も例外ではありません。しかし、大幅に下落ということは、「**大バーゲン**」といえる状態であり、そうしたときこそ絶好の買いのチャンスになります。

　ただ、市場全体の急落時には、「どこまで下がるか見当がつかず、怖くて買えない」という気持ちになり、手出しは難しいかもしれません。そこで下落の底を判断する1つの目安として、「**新安値銘柄数**」を見る方法があります。新安値とは、大まかにいうと以下の安値のことです。

　　①1月～3月：昨年の年初からその日までの最安値
　　②4月～12月：その年の年初からその日までの最安値

　市場全体が急落すると、個別銘柄も急落することが多くなり、新安値をつける銘柄が増えます。そして、市場全体が底をつけるときに、新安値銘柄数も急増してピークになる傾向があります。市場全体が急落すると、値下がり銘柄が増えますので、騰落レシオは100％を大きく下回ります。一般に、騰落レシオが70％を下回ると底値圏といわれています。

　2019年の2回の急落で、日経平均株価と新安値銘柄数の動きを比較してみると、図3.4のようになりました。**日経平均株価の底と新安値銘柄数のピークが、比較的一致している傾向**が見えます。

　新安値銘柄数が急増して数百になったり、また騰落レシオが70％付近まで下がっていれば、その翌日が買いのチャンスです。そのタイミングで、買おうと思っている銘柄の株価が下がっていれば、買いを入れると良いでしょう。

　なお、直近の新安値銘柄数と騰落レシオのデータは、投資情報サイトの「モーニングスター」の右のページで見ることができます。

●図3.4　日経平均株価と新安値銘柄数の関係

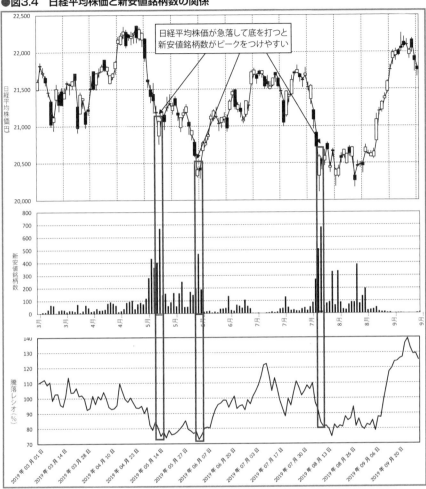

https://www.morningstar.co.jp/RankingWeb/IndicesPart.do?indcCode=16（新安値銘柄数）

https://www.morningstar.co.jp/RankingWeb/IndicesPart.do?indcCode=23（騰落レシオ）

好材料が出たときは
材料の種類で限定的に買う

「好材料が出た銘柄を買う」という人は多いですが、高配当・連続増配株投資ではそれは必ずしも良いとは限りません。このことを考えてみます。

「株価の動きが読みやすい好材料」で買いたい

株価が上がるようなニュースのことを総称して、「**好材料**」と呼びます。「画期的な新製品を発表した」「特許が認められた」など、好材料にはさまざまなものがあります。

好材料が出ると株価が上がることが多いですが、どの程度上がるかは材料の内容によって異なります。例えば、期待感が先行する材料だと短期的に急上昇しても、その後はすぐに下落することも少なくありません。そうした場合は材料で買いを入れると、高値掴みになってしまいます。

高配当株・連続増配株は中長期投資が基本なので、高値掴みはできる限り避けたいです。そこで、好材料を知って買う場合は、**その材料で株価がどの程度上がるかを推測できる場合に限定する**ことをお勧めします。

「業績予想の上方修正」は株価上昇が予測しやすい

売上や利益が以前の予想よりも良くなりそうな場合、その企業は「**業績予想の上方修正**」を発表します。

株価は1株当たり利益に比例する傾向があります。業績予想が上方修正されて1株当たり利益が上がりそうだとなると、それに応じて株価も上がる傾向があります。

例えば、これまでの予想1株当たり利益が100円だった銘柄で、業績予想の上方修正があって、予想1株当たり利益が120円になったとします。100円から120円は20%増しですので、株価も20%前後値上がりすることが予想されます。

●業績予想の上方修正で大きく動いた例（ミサワ）

　業績予想の上方修正の例として、**ミサワ（3169）** を紹介します。2019年9月12日に2020年1月期の第2四半期決算を発表した際に、業績予想を上方修正しました。1株当たり利益の予想が、当初の32.91円から49.23円に引き上げられ、およそ50％増しになりました。

　それを受けて、株価も急騰しました。発表前の株価は400円〜450円程度で推移していましたが、発表後は急上昇し、2019年11月25日には高値で912円をつけました。およそ2倍になっていて、1株当たり利益の伸びを超える株価上昇が起こりました（図3.5）。

　このように、業績予想が上方修正されると、その度合いに応じて（場合によってはそれ以上に）株価が上がりやすく、どの程度上昇するかが読みやすいです。買い候補の銘柄で業績予想が上方修正された後で、株価がまだ上方修正に見合う水準まで上昇していなければ、買いを検討すると良いでしょう。

　ただし、小幅な上方修正の場合は、株価が1日だけ大きく上がって、それ以上の上昇にはならないこともあります。その点には注意が必要です。

●図3.5　業績予想の上方修正で株価が上がった例（ミサワ）

日足/2019.7〜2019.11

提供：ゴールデン・チャート社

自社株買いも予測はしやすいが影響は小さめ

第2章の73ページで、自社株買いについて解説しました。自社株買いも好材料であり、また株価がどのぐらい上がるかは予想しやすい方の材料です。

ただ、業績予想の上方修正とは違って、1株当たり利益が大幅に上がることはそう多くありません。自社株買いでは、上限は発行済み株式数の1〜2％程度であることが多く、そのレベルだと株価にはほとんど影響を与えません。しかも、発表通りの自社株買いが行われるという保証もありません。

したがって、買い候補の銘柄で自社株買いが発表されたときには、規模が大きければ買いですが、そうでなければ見送りもありでしょう。

増配も好材料だが内容の確認が必要

配当を増やすこと（増配）も、その分配当利回りが上がりますので、当然に好材料になります。特に、主に配当目的として投資している場合、増配は注目したい好材料です。

ただ、株価と配当とは、それほど強い関連性はありません。1株当たり利益が伸びて、それに伴って増配するのであれば、利益の伸びに応じて株価が上がる可能性があります。一方、**利益が特に伸びていないのに増配だけ行う場合は、株価はあまり上がらない**（一時的に上昇しても長続きしない）と考えられます。その上、増配の仕方によっては、配当性向が高くなりすぎてしまい、利益が減ったときに減配してしまうというリスクもあります。

また、増配の理由も見ておく必要があります。普通配当が増えて、来年以降もその状態が続きそうで、さらに特別配当も出すような銘柄であれば、買いを検討しても良いでしょう（63ページ参照）。しかし、記念配当や特別配当だけだとその年限りのことで、一時的な材料にしかなりませんので、買うのには適していません。

●図3.6　株式分割のイメージ

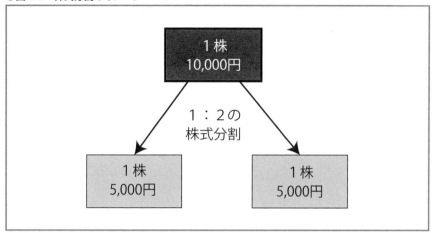

株式分割も好材料の１つだか要注意

　株価が上がった銘柄などでは、「**株式分割**」が行われることがあります。株式分割は、それまでの１株を1.5株や２株などに分けることです。

　株式分割が行われると、株数は増えますがその分株価は下がり、株式分割の前後では株の価値が変化しません。例えば、株価が10,000円だった銘柄で、１株を２株に分割した場合、株数は２倍になりますが、株価は半分の5,000円程度になります（図3.6）。１万円札１枚を5,000札２枚に両替するのと同じようなイメージです。

　このように、株式分割の前後では理論的には株の価値は変化しないので、株価には影響はないはずです。ただ、株式分割で株価が下がると、**それまでは株価が高くて買えなかった人でも手が出るようになり、人気が出て株価が上がる**ことがあります。

　しかし、あくまでも株の価値は変化していませんので、一時的に人気化して株価が上がるとしても、それが持続する保証はありません。むしろ、人気が収まれば株価は本来の水準に下がる可能性が高いと考えられます。

　したがって、買い候補の銘柄で株式分割が発表された場合、その直後に買うと高値掴みになるリスクがありますので、注意が必要です。

3-5 買い方④

人気薄で安値に放置されているときに買う

放置されているときこそチャンス

株式市場の動きを見ていると、何らかの話題が出てそれに関連する銘柄に人気が集中し、それ以外の銘柄は放置されて売られやすい状態になることが時々起こります。

高配当株の中にも、話題の中心になる銘柄が出ることもありますが、普段はそうではなく、銘柄によっては割安に放置されることがあります。

業績や財務がどんどん悪化しているなら、株価がその影響で売られて大きく下がるのは当然です。ただ、業績や財務が悪いわけではないのに、放置されて株価が下がるという状況は、いつまでも続くことはありません。やがては反転する日が来ます。

放置されて売られれば、株価が下がって割安になり、配当利回りも上がります。高配当株であれば、配当の魅力がかなり高まることになります。そのようなときを狙って買うのも１つの方法です。

放置から変化しつつある銘柄の例

2019年の日経平均株価の動きを見ると、一進一退ではありましたが、２万円を超えた状態が続き、まずまずの動きになっていました。しかし、個別の銘柄の動きを見ると、放置されて売られた銘柄も結構ありました。

高配当株の中で、放置気味で株価が下がった銘柄の例として、**JT（2914）**があります。連続増配はしているものの、ここ数年の業績はほぼ横ばいで、成長性の点では魅力が高くない状況です（図3.7）。

アベノミクスの影響で2016年２月には株価が高値で4,650円をつけましたが、その後はじりじりと下がり続け、2019年９月４日には安値で2,179円をつけました。

●図3.7　JTの業績の推移（各年3月期）

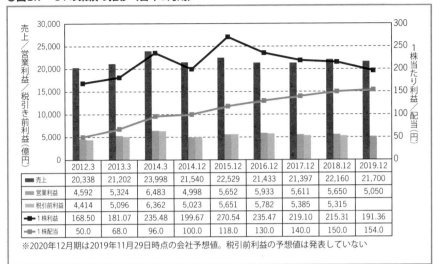

	2012.3	2013.3	2014.3	2014.12	2015.12	2016.12	2017.12	2018.12	2019.12
■ 売上	20,338	21,202	23,998	21,540	22,529	21,433	21,397	22,160	21,700
▨ 営業利益	4,592	5,324	6,483	4,998	5,652	5,933	5,611	5,650	5,050
▥ 税引前利益	4,414	5,096	6,362	5,023	5,651	5,782	5,385	5,315	
■ 1株利益	168.50	181.07	235.48	199.67	270.54	235.47	219.10	215.31	191.36
□ 1株配当	50.0	68.0	96.0	100.0	118.0	130.0	140.0	150.0	154.0

※2020年12月期は2019年11月29日時点の会社予想値。税引前利益の予想値は発表していない

●図3.8　JTの株価は2019年9月以降株価が上がりだしている　　日足/2019.6～2019.11

　しかし、ここまで下落したことで、PERは10倍強まで下がりました。また、9月4日の最安値の時点では、配当利回りは7％を超えました。さすがに売られ過ぎ感が出てきたためか、2019年9月以降は徐々に株価が上

がっています（図3.8）。

JTには株価が大きく上がる要素は少ないですが、逆にこれ以上大きく下がる要素も少ない状況です。業績がこのまま安定し、配当利回りが高い状態が続くのであれば、JTを買うのは悪くはないと思われます。

TOBで株価が急騰することもある

ある企業が他の企業を買収して、規模の拡大を図ることがあります。買収の際には、買収先の企業の株を市場で買い集めて、その企業の経営権を取得するという手法が取られることがあります。これを「**TOB**」（「Take Over Bid」の略、日本語では「**株式公開買付**」）と呼びます。

TOBの際には、買い付ける株数／値段／期間が提示され、投資家はそれに応じるかどうかを選ぶことができます。一般に、TOBの際には時価に「プレミアム」を乗せた高い値段で買い取ることが提示されます。そのため、**TOBが発表されるとその近辺の値段まで株価が急騰**します。

●表3.2　時価よりもTOBによって株価が上昇した最近の事例

銘柄（証券コード）	TOB発表直前の終値（円）	TOBの価格（円）	プレミアム
田辺三菱製薬（4508）	1,338	2,010	50.2%
ポラテクノ（4239）	517	993	92.1%
カブドットコム証券（8703）	381	559	46.7%
エヌ・ティ・ティ都市開発（8933）	1,294	1,680	29.8%
日特建設（1929）	658	780	18.5%
富士機工（7260）	600	740	23.3%
郵船ロジスティクス（9370）	1,018	1,500	47.3%

放置されて割安になっている企業は、買収のターゲットになることもあります。そのような時期に買っておいて、その後に運良くTOBのターゲットになれば、大きな利益を得ることができます。

●友好的TOBと敵対的TOB

TOBには「友好的TOB」と「敵対的TOB」があります。

友好的TOBは、TOBする側とされる側とがあらかじめ協議し、合意した

上で行われるTOBです。親会社が子会社を合併するときなどに使われ、日本のTOBの多くは友好的TOBです。

　一方の**敵対的TOB**は、TOBする側とされる側とが合意することなく行われるTOBです。条件が良ければ、TOBされる側が応じることもあります。しかし、そうでなければTOBされる側が対抗措置を取り、TOBが成立しないことがよくあります。

●敵対的TOBで上昇した銘柄の例（ユニゾホールディングス）

　敵対的TOBの実際の例として、オフィスビルの賃貸やビジネスホテルチェーンの経営などを行っている**ユニゾホールディングス（3258）**を紹介します。

　ユニゾホールディングスは売上や利益が順調に伸びていて（図3.9）、配当も高いにも関わらず、株価は下落傾向でした。2019年は株価が2,000円前後で推移していましたが、PER／PBRのどちらも低く割安な状況でした。

　しかし、大手旅行業の**HIS（9603）**が、2019年7月10日、1株3,100円でTOBすることを発表し、その時点で株価が急騰しました。

　HISはホテル事業も行っていますが、その事業を拡大するために、ユニゾを買収しようとしました。水面下で協議したものの、不調に終わったために、敵対的TOBを行った模様です。

　ユニゾはHISのTOBに反対し、ソフトバンク系ファンドにTOBしてもらうことを持ち掛けて、HISはTOBから撤退しました。ところが、ユニゾがそのTOBにも反対を表明し、さらに米ブラックストーンが1株5,000円でのTOBを発表するなどして、結果的にユニゾの株価は4,000円を大きく超える上昇となりました（図3.10）。

　このように、放置されて株価が割安になっていて、なおかつ時価総額が小さいような企業は、買収のターゲットになることがあり得ます。ユニゾのTOBのような派手な動きなることはまれですが、表に挙げたように数十％程度のプレミアムがつく可能性はあります。そのような企業の中で、配当利回りも高いところであれば、TOBされることを狙って保有するのも1つの考え方です。

●図3.9　ユニゾホールディングスの業績の推移（各年3月期）

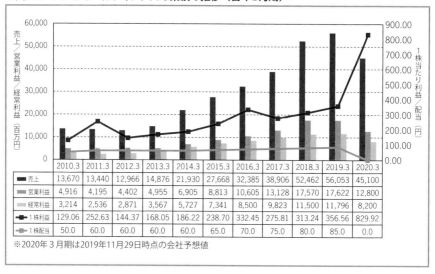

	2010.3	2011.3	2012.3	2013.3	2014.3	2015.3	2016.3	2017.3	2018.3	2019.3	2020.3
■ 売上	13,670	13,440	12,966	14,876	21,930	27,668	32,385	38,906	52,462	56,053	45,100
▨ 営業利益	4,916	4,195	4,402	4,955	6,905	8,813	10,605	13,128	17,570	17,622	12,800
▢ 経常利益	3,214	2,536	2,871	3,567	5,727	7,341	8,500	9,823	11,500	11,796	8,200
◆ 1株利益	129.06	252.63	144.37	168.05	186.22	238.70	332.45	275.81	313.24	356.56	829.92
✕ 1株配当	50.0	60.0	60.0	60.0	60.0	65.0	70.0	75.0	80.0	85.0	0.0

※2020年3月期は2019年11月29日時点の会社予想値

●図3.10　ユニゾホールディングスはTOBで株価が急上昇

日足/2019.5～2019.10

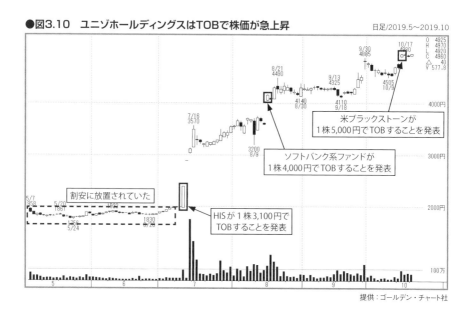

米ブラックストーンが
1株5,000円でTOBすることを発表

ソフトバンク系ファンドが
1株4,000円でTOBすることを発表

割安に放置されていた

HISが1株3,100円で
TOBすることを発表

提供：ゴールデン・チャート社

利益が乗ってきたときの売り方

基本的には長期保有を続ける

　高配当株・連続増配株は、基本的には長期的に保有を続けて、配当や値上がりをじっくりと狙う株です。少々利益が出たからといって、すぐに売るようなことはしません。

　売上や利益が順調に伸び、増配している間は、基本的には株価は上昇するはずです。その間は保有を続け、利益を積み重ねていくようにします。

　また、保有して配当が増えてくると、購入時の株価と比較した配当利回りも上がっていきます。うまくいけば10％や20％になることもあり得ます。例えば、1株1,000円で買った株の業績や利益が順調に伸び、1株当たり配当が年100円になったとします。すると、購入時点の株価で考えた配当利回りは、100円÷1,000円＝0.1＝10％になります。そのような**「お宝」的な銘柄は、よほどのことがない限り持ち続ける**方が良いでしょう。

急騰した場合は売りを検討する

　保有している銘柄に何か大きな好材料が出て、株価が急騰することもあり得ます。そのような場合、その材料の内容や株価の上がり具合から、売りを検討することも考えられます。

　業績予想の上方修正など、株価が上がった後でその水準を維持できそうな材料であれば、そのまま持ち続ける方が良いです。例えば、「業績好調で1株当たり利益が当初予想の1.5倍になる」という材料が出たとします。この場合は株価も1.5倍程度まで上がって、その水準を維持しやすいですから、そのまま保有を続けるようにします。

　一方、業績や利益がどの程度上がるかはっきりしないような好材料の場合、株価が一時的に急騰してもその後は徐々に下がり、元の水準に戻って

しまうことも少なくありません。

　また、特に材料が出たわけではないのに、買いが買いを呼んで株価が大きく上がるようなこともあります。この場合も、株価が行き過ぎればその後は急落することがあります。

　そこで、**いったん売って利益を確定した後、株価が下がってきたら買いなおす**ことが考えられます。

　特に、買いからあまり日数がたっていない株が運良く急騰した場合は、売って利益を確保し、別の銘柄を買うのも1つの方法です。例えば、配当利回りが5％の銘柄を買って、それからあまり時間がたっていないうちに株価が50％上がったとします。50％÷5％＝10なので、利益確定すれば10年分の配当が一気に手に入ると考えることもできます。そのぐらい上がったなら、利益確定を検討しても良いでしょう。

売上や利益が頭打ちになってきたら売りを検討

　企業の成長が続いて売上や利益が伸びている間は、株価と配当は上がりやすいですが、売上や利益の伸びが衰えてくることもあります。

　日本全体の景気の悪化により個別の企業の売上や利益の伸びが衰えるのであれば、それは仕方がないといえます。手持ちの銘柄は保有を続けて、景気の回復を待つことが考えられます。

　一方、景気が好調にも関わらず売上や利益が伸びない企業は、あまり望ましくないと考えられます。

　買ってからかなり時間がたって配当が十分に上がり、購入時の株価で見た配当利回りが高いなら、例えば5％を大きく上回っているなら、そのまま保有して配当をもらい続けるのも良いでしょう。

　しかし、配当利回りがそこまで高くなく、また株価の上昇が止まってきたのであれば、売って他の銘柄に乗り換えても良いでしょう。

3-7 売り方②

手持ちの高配当株に悪材料が出たときの売り方

小幅な悪材料なら売らない

悪材料は業績や財務に何らかの悪影響を及ぼしますが、その程度は材料の内容によってさまざまです。売るべきかどうかは材料の内容で判断する必要があります。

軽微な悪材料で、業績や財務に与える影響が小さく、また一時的なものであれば、売らずにそのまま持ち続けるようにします。株価は一時的に若干下がるかもしれませんが、業績や財務が持ち直せば株価も戻ります。

減益の場合はその程度によって売却を検討

決算発表の際に来期の業績予想が発表されます。その際に**減益予想が発表される**と悪材料となり、株価は下がることが多いです。また、期の途中で**業績予想が下方修正される**こともあり、これも悪材料となります。

株価は1株当たり利益に比例しやすいので、減益予想で1株当たり利益が減ると、その分だけ株価も下がりやすくなります。例えば、10%減るという予想になると、株価も10%程度下がると考えられます。

業績予想の下方修正で株価が下がった例として、**ADEKA（4401）**を取り上げます。2019年8月9日に業績予想を下方修正し、1株当たり利益の予想を167.02円から143.71円に引き下げました。

約15%の引き下げなので、株価も15%程度下がると考えられます。その前から米中貿易摩擦への懸念で市場全体が下落していて、ADEKAも下がっていましたが、下方修正によってさらに売られて、発表後の約2週間で株価は10%以上下落しました（図3.11）。

減益幅が小さいと株価への影響も小さくて済みます。減益が1期だけで済みそうで、その後はまた増益傾向に戻りそうならば、持ち続けます。

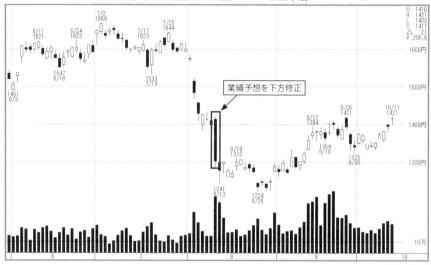

●図3.11　ADEKAは業績予想の下方修正で株価が10％以上下落

日足/2019.6〜2019.10

提供：ゴールデン・チャート社

　しかし、**大幅な減益**の場合は、株価も大きく下落しますし、配当も維持が難しくなる恐れがあります。1株当たり利益が数十％も下がるような減益予想が出た場合は、売りを検討した方が良いでしょう。

特別損失による減益かどうかを確認する

　業績予想の下方修正が発表された場合は、何が原因なのかを見ることも重要です。例えば、「販売が不振で売上や利益が減る」という場合だと、その影響はしばらく続く可能性があり、株価にも影響が出やすいです。

　一方、特別損失によって1株当たり利益は減るものの、営業利益や経常利益は特に変化がないという場合もあります。特別損失は一時的な損失で影響は長く続かないので、株価も特に変化しないか、下がってもあまり大きな下げにはならないことがよくあります。

　特別損失に特に反応しなかった例として、**大日本印刷（7912）**を紹介します（図3.12）。2019年4月25日に業績予想の修正を行い、特別損失の影響で当期純利益が黒字から赤字になると発表しました。ただ、営業利益と経常利益は当初予想から上方修正され、配当も変更なしでした。

●図3.12　特別損失の影響はあまり見られなかった大日本印刷　　　　　日足/2019.3～2019.6

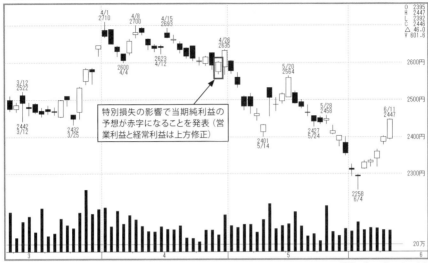

提供：ゴールデン・チャート社

そのため、翌日の株価には特に大きな変化はありませんでした。その後しばらく下落傾向になっていますが、これは市場全体が不調だったことが主な原因で、特別損失の影響はあまりないと思われます。

このように、特別損失で下方修正が行われて、営業利益や経常利益に特に変化がない場合は、そのまま保有を続けた方が良いでしょう。

希薄化は影響が大きいかどうかを確認

企業が資金調達する際に、「**増資**」を行うことがあります。増資は、新株を発行して資金調達をすることで、一般の投資家に販売する「**公募増資**」や特定の企業などを相手に行う「**第三者割当増資**」などがあります。

増資すると発行済み株式数が増え、それによって相対的に1株当たり利益が下がります。このことを「**希薄化**」と呼びます。

例えば、発行済み株式数が1億株だった企業が、増資によって2億株に増えるとします。すると1株当たり利益は相対的に半分に減ります。

株価は1株当たり利益に比例する傾向があり、増資で希薄化が起これば株価はその分下がりやすくなります。発行される株数が多いほど、希薄化

の影響が大きくなり、株価も大きく下がります。

　そこで、増資が発表されて希薄化の規模が大きい場合は、売ることを検討するのも１つの手です。

　ただし、増資によって企業の規模が拡大すれば、売上や利益が増えることが期待でき、希薄化による株価下落は一時的で済むこともあります。増資の内容と、売上／利益への影響をよく考えた方が良いでしょう。

大きな不正や不祥事が発覚したら売り

　時折、重大な法令違反や不祥事の発覚で、急落する企業がみられます。

　例えば、**レオパレス21（8848）** は、2018年４月27日に「当社一部物件における確認通知図書との相違部分に対する補修工事の実施について」というリリースを出しました。「界壁」が正しく施工されていない物件が見つかったという内容で、すべての物件を調査することになりました。調査が進むにつれて補修が必要な物件が多数あることが判明し、それに伴って株価は大幅に下落しました（図3.13）。

　この例のように、重大な法令違反やリコールの発生、粉飾決算の発覚な

●図3.13　レオパレス21は不祥事の影響で株価が大幅に下落　週足/2018.1〜2019.10

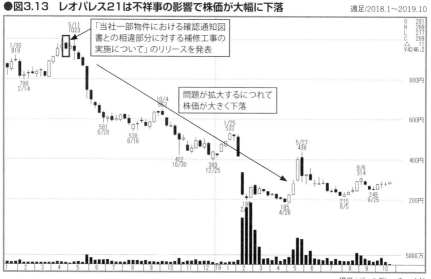

提供：ゴールデン・チャート社

どで巨額の赤字に陥ったりすると、その企業の存続が危ぶまれ、株価は大きく下がります。持ち株でそのような不祥事が出た際には、実態が明らかになるにつれて大幅下落もありますので、迷わず売ることが必要です。

悪材料で急落後は買いの候補になることも

悪材料が出た銘柄は急落しますが、際限なく下がり続けるわけでなく、いずれは下げ止まってしばらく底値圏で低迷する動きになりがちです。その後に業績や財務が回復すれば、株価はまた上がり始めます。うまくいけば悪材料が出る前の水準まで戻ったり、超えていくこともあり得ます。

株価が戻る可能性がある銘柄として、**KYB (7242)** を取り上げます。KYBでは、2018年10月に免震装置の検査データ改ざんが発覚し、多くの建物で免震装置の交換を行うことになりました。2019年３月期決算で大幅な赤字を出し株価は約半分まで下落し、無配となりました（図3.14）。

しかし、その後は少しずつ戻りつつあります。業績が以前の状況に戻れば、株価が大きく上昇する可能性があります。したがって、動向を注目しておくと良さそうです。

●図3.14　KYBは今後の動向を注目したい

日足/2018.8〜2019.10

提供：ゴールデン・チャート社

持ち株や買い候補株の情報をチェックする

四半期決算やIR情報をチェックする

　上場企業では、四半期ごとに決算を出すことが義務づけられています。業績予想の修正は、四半期決算やその少し前の頃に行われることが多いので、**四半期決算が近くなったら、証券会社の決算情報や企業のホームページのIR情報を確認する**ようにします。

　３月決算企業の場合だと本決算の発表は５月上旬〜中旬ですし、各四半期の決算は８月／11月／２月の上旬〜中旬に発表されます。

　四半期決算発表の日程は事前に公表されています。IR情報の中に「IRカレンダー」のようなページがあり、日程が掲載されています。そちらも確認しておき四半期決算の時期に備えます。

持ち株に関するニュースをチェックする

　四半期決算以外にも、個々の銘柄について日々さまざまなニュースが出て、株価に影響を与えます。ネット証券の情報サービスや経済サイトなどでは、**銘柄ごとのニュースを一覧で見る**こともできます。そのようなページを適宜確認するようにします（図3.15）。

　なお、企業が重要な情報を発表するのは、通常は株式市場が終了した**午後３時以降**となります。

便利な株式投資情報サイト

　株式投資の情報サイトは多数ありますが、その中から便利なサイトをいくつか紹介します。

●みんなの株式（https://minkabu.jp/）

　みんなの株式は、「みんなの」という冠の通り、個人投資家による情報を

●図3.15　銘柄ごとのニュースの一覧の例（Yahoo！ファイナンス）

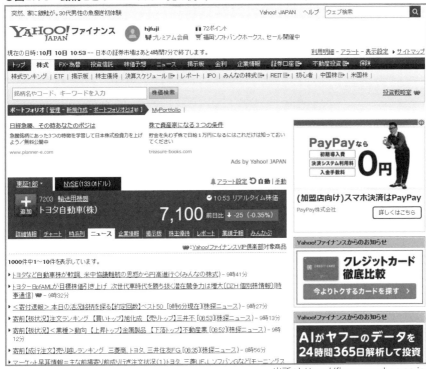

出所：https://finance.yahoo.co.jp/

多く取り込んだ株式情報サイトです。多くの個人投資家が個々の銘柄について、買いか売りかの意見を述べたりしています（図3.16）。

●株探（https://kabutan.jp/）

株探は、みんなの株式と同じ会社が運営している投資情報サイトです。多くの情報がありますが、企業が開示した情報を「決算」「自社株取得」などのカテゴリーに分けているコーナーが便利です。

●Ullet（http://www.ullet.com）

Ulletは、企業の決算などの情報をまとめているサイトです。各銘柄の過去5年の売上や利益の推移をグラフで見られる点が便利です。また、「他社比較」というコーナーでは、「キリンvsアサヒvsサッポロ」のように競合企業を比較して、主要な指標を一目で見やすくしています。

●図3.16　株式投資情報サイトの例（みんなの株式）

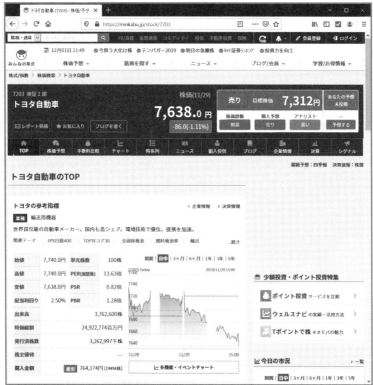

出所：https://minkabu.jp/

●株マップ.com（https://jp.kabumap.com/）

　株式投資に関するさまざまな情報を提供しているサイトで、クォンツ（「Quantitative」の略で、金融工学の意味）を使った投資分析を行うことができます。ファンダメンタル／テクニカルの指標を使って銘柄を検索したり、個々の銘柄をクォンツで診断したりすることができます。

　有料の/Volumes/Chuo Delivery/株式投資に関するさまざまな情報を提供しているサイトで.txtプレミアムサービス（月額1,800円＋消費税）を利用すると、分析できる幅がさらに広がります。

高配当・連続増配株投資をNISAと組み合わせる

NISAの概要

NISA（少額投資非課税制度）は、イギリスの「ISA」（Individual Savings Account、個人貯蓄口座）を手本にして作られた制度で「日本版のISA」ということから、「NISA」の愛称がつけられています。

NISAは個人用の少額投資向けの制度で、年間で120万円（最大で計600万円）までの株式や株式投資信託の投資について、その後**5年以内で売却したときの利益や5年間に得られる配当が非課税**になります。

例えば、2020年に株を買ってNISA口座に入れた場合、2024年末までに売却した場合の利益や、2024年末までに支払われる配当が非課税になります（図3.17）。

●図3.17　NISAの非課税期間

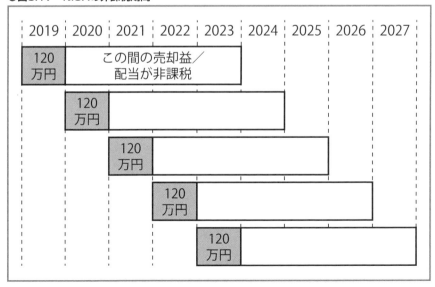

高配当・連続増配株投資では、株を長期保有して配当を受け取りつつ、値上がりを待つというスタンスを取ります。したがって、**NISAとは非常に相性が良い**といえます。

　通常の株式投資では、売却益／配当ともに20.315％（所得税15％／住民税5％／復興特別所得税0.315％）が課税されますので、非課税になるメリットは大きいです。

NISAの期限とロールオーバー

　本書執筆時点では、**NISAは2023年までの時限制度**となっています。ただ、金融庁はNISAの恒久化を要望しており、NISAは今後**期限延長ないし恒久化の可能性が高い**といえるでしょう。

　また、NISAが延長／恒久化される場合、「**ロールオーバー**」の制度も引き継がれると思われます。ロールオーバーは、NISAに入れてから5年が経過した銘柄を、次の期間の非課税枠に入れなおして、さらに5年間延長する仕組みです。

　例えば、2020年に買った株は2024年末で非課税期間が終わりますが、ロールオーバーを使うと、その株を2025年の非課税枠に入れなおして2029年末まで非課税期間を延長することができます。

NISA口座の開設

　NISAの利用は、証券会社にNISA口座を開設することが必要です。口座開設手順は、証券口座のある証券会社にお問い合わせください。なお、口座開設にはマイナンバーが必要になります。

　なお、申込み後に証券会社から税務署に情報が送られ、税務署の審査が必要ですので、開設には1～2週間程度の時間がかかります。

　また、NISA口座は**1人につき1口座**しか作れません。複数の証券会社に口座がある場合、その中の1社でしかNISA口座を開設できませんので、どの証券会社を使うかよく考える必要があります。

　ただ、「1人につき1口座」なので、夫婦2人でそれぞれ1口座ずつ作ることは可能です。

NISAには厳選した銘柄を入れる

NISAの非課税枠は年120万円までですから、どの株をNISAに入れるかをよく考える必要があります。

NISAの注意点の１つとして、買った株が値下がりした場合があります。通常の株の売買では、ある銘柄を売却して損失が出た場合、他の銘柄の利益と損益を通算したり、翌年以降に損失を繰り越すことができます。しかし、NISA口座の株を売却して損失が出た場合は、損益通算や損失の繰り越しを行うことはできません。

したがって、**NISAに入れる銘柄は、株価が下がりにくく、長期保有に適した厳選銘柄に限定すべき**といえます。

NISAの注意点

NISAにはいくつか注意すべき点があります。詳細を理解した上で間違いのない選択をしましょう。

●非課税枠は再利用できない

NISAである銘柄を買った後、その年のうちに売却しても、その分の非課税枠を再利用はできません。例えば、銘柄Ａを50万円で購入し、その年のうちに売ったとします。この場合、その年の非課税枠は残り70万円（＝120万円－50万円）のままで、120万円には戻りません。

短期売買したい場合は、NISA口座ではなく特定口座で売買するようにします。

●非課税枠は繰り越しできない

ある年に非課税枠（上限120万円）を使い切らなかったとしても、その残りの枠を翌年に繰り越すことはできません。

●非課税期間終了後の扱い

本誌執筆時点では、非課税の期間は最長で５年間です。期間終了後は、NISA口座の銘柄は特定口座に自動的に移管されます。移管した後の損益は、最初に購入した時点の株価ではなく、移管された時点の株価を基準にして計算されます。

移管時点の株価が購入時点よりも高ければ、その後に売却した場合の税金が抑えられます。しかし、移管時点で値下がりしていた場合は、その後に売ったときに、損失を出したにも関わらず課税される場合が出てきます。

　例えば、1株1,000円で買った株をNISAに入れた後に値下がりして、5年経過して特定口座に移管した時点で800円になったとします。そして、この後で株価が900円まで戻った時点で売ったとします。

　この場合、まだ最初に買った時点より株価が安いですが、移管時点の800円を基準に税金を計算しますので、1株当たり100円（＝900円－800円）の利益が出たものとして課税されます。

●配当の受け取り方の制限

　配当の受け取り方は4通りありますが（21ページ参照）、NISAで非課税で配当を受け取るには、**株数比例配分方式（証券会社の口座に配当を振り込む方式）**を選ぶ必要があります。

●口座間移動の制限

　特定口座で以前から保有していた銘柄を、NISA口座に移すことはできません。

●つみたてNISAとの併用はできない

　NISAと似た制度として、投資信託を少しずつ積み立てる際に売却益や分配金が非課税になる「**つみたてNISA**」という制度もあります。しかし、NISAとつみたてNISAの併用はできません。

第4章

景気動向に
注意しながら
中長期で考える

REITも一部組み合わせて
リスクを分散する

異なる金融商品の組み合わせでリスクを分散

　1つの銘柄に資産をすべて投資すると、その銘柄が大きく値下がりした
ときに資産をかなり失うというリスクがあります。複数の銘柄に投資資金
を分ける「**分散投資**」は、株式投資でリスクを抑える基本です。

　ただ、銘柄の分散だけでなく、投資対象の金融商品自体を分散する方が
より効果的です。株と他の金融商品（債券、不動産、金、コモディティな
ど）では、価格に影響を与える要因が異なるので値動きが違ってきます。

　値動きが異なる金融商品を組み合わせると、両方が同時に下落するとい
うリスクを避けやすくなり、分散投資の効果をより期待できます。

株感覚で不動産に投資できるREIT

　株以外の投資先の1つとして、不動産があります。実物の不動産は株に
比べ買うのに必要な金額が非常に大きく、手続きも煩雑でリスクも高いた
め、個人投資家が手軽に売買できるものではありません。しかし、「**REIT**」
なら個人投資家でも手軽に売買ができます。

　REITは「Real Estate Investment Fund」の略語で、日本語では「**上場
不動産投資信託**」と呼びます。**多くの投資家から集めた資金を不動産に投
資し、その賃貸収入や売却益を投資家に分配する商品**です（図4.1）。

　REITの中には、証券取引所に上場していて、証券会社の口座で売買でき
るものがあります。これらのREITを「**J-REIT**」と呼び、本書執筆時点で
63銘柄が上場しています。

　売買の仕方は株と同じで、銘柄や成行／指値などの情報を指定して売買
します。ただし、通常の株は1単元が概ね100株であるのに対し、REITは
1投資口（1株に相当）単位で売買します。1投資口当たりの値段は銘柄

●図4.1　J-REITのしくみ

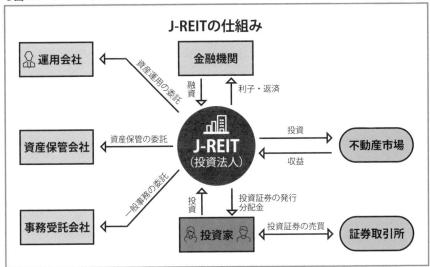

出所：一般社団法人 投資信託協会HPより

によって異なりますが、10万円台〜20万円台のものが多いです。

REITはミドルリスク＝ミドルリターン

　REITを保有していると、定期的に「**分配金**」がもらえます。分配金は株の配当に当たるもので、不動産の賃貸収入などから支払われます。

　企業の業績は年によって大きく変化することがありますが、賃貸収入はそれほど大きくは変化しません。そのため、分配金の額は比較的安定しており、REIT自体の値動きもあまり大きくありません。つまり、株と比べるとREITはミドルリスク＝ミドルリターンといえる金融商品です。

　株の配当利回りと同様、REITでは「**分配金利回り**」がポイントになります。分配金利回りは、1投資口当たりの分配金の割合を表し、以下のように求めます。

分配金利回り＝分配金÷1投資口の価格

　なお、本書執筆時点では、分配金利回りが3％台の銘柄が多くなっています（表4.1）。最も高い銘柄で5％台です。

●表4.1　REITの分配金利回りの例（2019年11月26日時点）

銘柄（証券コード）	投資口価格 （円）	分配金 （円）	分配金利回り （%）
いちごホテルリート（3463）	135,000	7,701	5.70
タカラレーベン不動産（3492）	119,100	6,740	5.66
エスコンジャパンリート（2971）	124,900	6,941	5.56
トーセイ・リート（3451）	133,500	7,100	5.32
マリモ地方創生リート（3470）	134,000	6,800	5.07
ヘルスケア&メディカル（3455）	134,000	6,454	4.82
大江戸温泉リート（3472）	98,000	4,717	4.81
スターアジア（3468）	116,500	5,540	4.76
森トラスト・ホテルリート（3478）	145,600	6,820	4.68
サムティ・レジデンシャル（3459）	117,900	5,504	4.67
ケネディクス商業リート（3453）	282,900	13,007	4.60
ザイマックス・リート（3488）	133,700	6,005	4.49
CREロジスティクスファンド（3487）	137,200	6,019	4.39
スターツプロシード（8979）	201,900	8,840	4.38
さくら総合リート（3473）	94,800	4,068	4.28
ジャパン・ホテル・リート（8985）	89,600	3,686	4.11
イオンリート（3292）	150,300	6,145	4.09
サンケイリアルエステート（2972）	124,300	5,047	4.06
福岡リート（8968）	184,500	7,330	3.97
伊藤忠アドバンス・ロジスティクス（3493）	118,800	4,676	3.94
ラサールロジポート（3466）	165,400	6,386	3.86
日本ヘルスケア（3308）	219,800	8,460	3.85
日本賃貸住宅（8986）	108,100	4,150	3.84
森トラスト総合リート（8961）	195,900	7,446	3.80
いちごオフィスリート（8975）	112,800	4,190	3.71
阪急阪神リート（8977）	173,500	6,220	3.59
平和不動産リート（8966）	140,300	4,900	3.49
プレミア（8956）	163,100	5,640	3.27
野村不動産マスターファンド（3462）	199,500	6,514	3.46
森ヒルズリート（3234）	177,000	5,730	3.24

※各銘柄とも銘柄名最後の「投資法人」を省略。年間の予想分配金で計算

REITは株と値動きがやや異なる

「複数の金融商品に分散投資すると、リスクを抑えられる」という話をしました。株とREITにも値動きに違いが出ることがあります。

図4.2は、2015年以降の**日経平均株価と東証REIT指数の動きを比較**したものです。2016年夏頃から2018年初め頃にかけては日経平均株価が上昇傾向だったのに対して、東証REIT指数は下落傾向でした。一方、2018年以降でみると日経平均株価は足踏み状態ですが、東証REIT指数は上昇傾向になっています。

REITには、「分配金利回りが安定的に高い」という特徴があります。2018年以降、景気の先行きが不透明になってきて、株の値動きが不安定になってきたことから、REITの分配金利回りの高さに人気が出て、値上がりしてきました。

このように、株とREITを組み合わせれば株価が不振な時期でもREITが値上がりして、資産全体の値動きを抑えられることがあります。その間も分配金を得られますので、ある程度のリターンも狙うことができます。

●図4.2　2015年以降の日経平均株価と東証REIT指数の比較

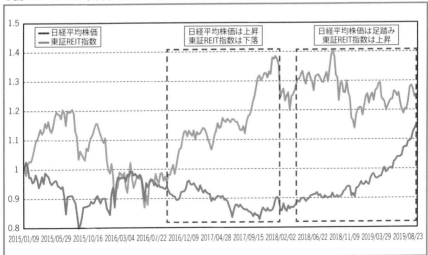

※2015年初めの時点を1として指数化

株とREITが近い値動きになる場合も

　ここまでで述べたように、ここ数年は株とREITは値動きに違いがあります。しかし、常に違う動きをするというわけではなく、同じような動きになることもあります。

　例えば、2007年から2008年にかけて、サブプライムローン問題やリーマンショックが起こった頃には、株もREITも大きく値下がりしました。世界的に景気が大きく後退したため、株だけでなくREITもその影響を大きく受けました。

　また、アベノミクス初期の2013年から2014年にかけては、景気回復に伴って、株もREITも大きく上昇しました（図4.3）。

　このように景気の動向などによっては、株とREITが同じような値動きになって分散投資の効果が出にくくなる時期もあります。この点には十分に注意が必要です。

●図4.3　2006年〜2013年の日経平均株価と東証REIT指数の比較

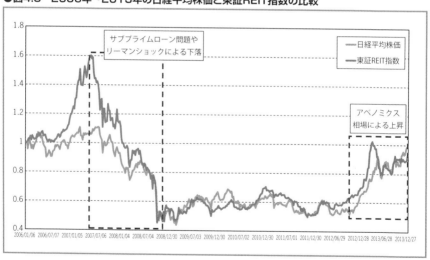

※2015年初めの時点を1として指数化

140

東証二部や新興市場の高配当株も探してみる

　ここまでで本書の例に取り上げた銘柄は、主に東証一部銘柄でしたが、一部以外の銘柄も、もちろん投資対象になります。

東証一部以外にも株式市場がある

　日本の株式市場の中では、東京証券取引所の市場第一部（東証一部）が圧倒的です。東証の売買代金のおよそ９割を東証一部が占めています。

　ただ、それ以外にも株式市場があります。中でも、東証の二部／JASDAQ／マザーズの３つの市場が比較的大きいです（図4.4）。

　東証二部は、1961年に開設された市場で東証一部よりも上場基準が緩く、規模が小さ目の企業が上場しています。歴史が長いので古い企業も多いですが、比較的新しい企業もあります。

　JASDAQは、1963年に開設された新興企業向けの市場です。もともと

●図4.4　日本の株式市場

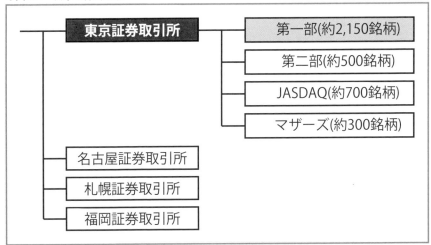

は日本証券業協会の店頭取引市場でしたが、紆余曲折を経て、今は東証の市場の１つになっています。

　マザーズは1999年に開設された市場です。東証二部やJASDAQよりもさらに上場基準が緩く、起業してからあまり時間がたっていない企業が多く上場しています。

　なお、東京証券取引所は、市場区分の見直し・再編についてこれから本格的に検討していくとしています。

東証二部やJASDAQの高配当株の例

　マザーズは無配の企業が多いですが、東証二部やJASDAQには配当のある企業も少なくなく、本書の投資対象になりそうな銘柄もあります。

　東証一部と比べると、知名度が低く投資家にあまり知られていない企業が多いせいか、業績や財務がそこそこ良いのにも関わらず、株価があまり高くない（＝割安な）銘柄もあります。

　例えば、工業用洗剤などのメーカーである**パーカーコーポレーション（9845・東証二部）**は、ここ10年で売上は２倍強になり、2011年３月期

●図4.5　パーカーコーポレーションの業績の推移

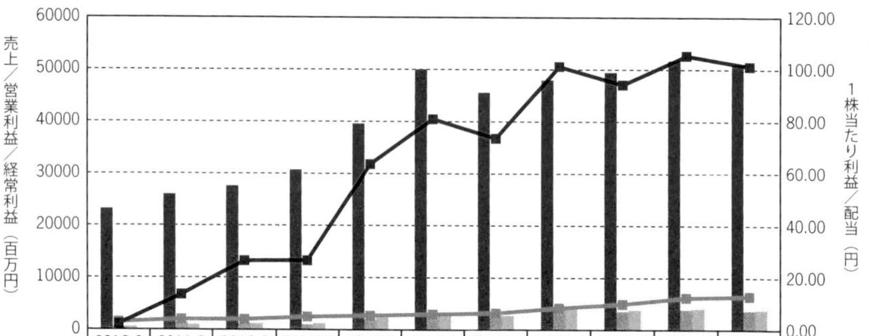

	2010.3	2011.3	2012.3	2013.3	2014.3	2015.3	2016.3	2017.3	2018.3	2019.3	2020.3
売上	23,162	26,020	27,608	30,742	39,578	49,988	45,563	47,947	49,461	51,716	51,000
営業利益	547	1,431	1,167	1,015	1,895	3,003	2,813	3,958	3,604	3,941	3,750
経常利益	580	1,014	1,217	1,265	2,344	3,218	2,811	4,040	3,919	4,173	3,900
1株利益	2.24	13.50	26.42	26.53	63.59	80.89	73.53	101.08	94.12	105.29	101.12
1株配当	3.0	4.0	4.0	5.0	5.5	6.0	6.5	8.5	10.0	12.5	13.0

※2020年３月期は2019年11月29日時点の会社予想値

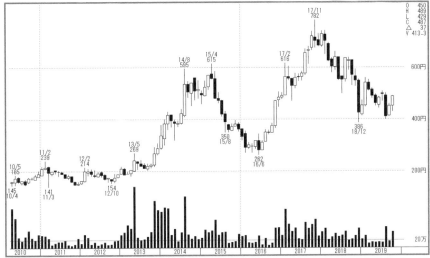

提供：ゴールデン・チャート社

から連続増配しています（図4.5）。しかし、株価は本書執筆時点で450円程度で（図4.6）、PERは4倍台と非常に低く、かなり割安です。このように東証二部などの銘柄の中で割安な高配当株・連続増配株を探し、長期保有するのも戦略の1つになるでしょう。

　パーカーコーポレーション以外にも連続増配傾向で配当利回りが高く、また比較的割安な銘柄として、表4.2のようなものがあります。

東証一部昇格で株価が上がることも

　東証二部や新興市場の銘柄では、**東証一部に上場する条件をクリアして昇格する**ものもあります。

　東証一部に昇格すれば、知名度や信用度がアップするというメリットがあります。また、TOPIXに連動する投資信託がその銘柄を買うこともあります。これらのことから、**東証一部昇格によって株価が大きく上がる**こともあります。

　例えば、賃貸仲介業の**ハウスコム（3275）**は、2019年8月23日に東証二部から一部に昇格することを発表しました。それまでは株価は1,300

●表4.2　東証二部や新興市場の連続増配傾向で割安な高配当株の例（2019年11月26日時点）

銘柄（証券コード）	市場	株価（円）	予想配当利回り（%）	PER（倍）
弘電社（1948）	二部	4,980	4.02	6.54
富士古河E&C（1775）	二部	1,989	3.77	5.77
ニッキ（6042）	二部	2,258	3.76	9.81
コマニー（7945）	二部	1,391	3.74	8.25
ウィル（3241）	二部	375	3.60	10.06
セントラル総合開発（3238）	二部	343	3.50	3.54
ヤマダコーポレーション（6392）	二部	2,529	3.44	5.71
ニチリン（5184）	二部	1,874	3.20	7.69
ナラサキ産業（8085）	二部	1,958	3.06	6.11
オーデリック（6889）	JQ	4,120	4.37	7.41
朝日ラバー（5162）	JQ	702	4.27	14.03
Denkei（9908）	JQ	1,225	4.08	7.39
エフティグループ（2763）	JQ	1,537	3.84	13.07
プラマテルズ（2714）	JQ	599	3.84	7.31
ヨシコン（5280）	JQ	1,210	3.72	5.02
ヨシタケ（6488）	JQ	1,000	3.60	8.40
沖縄セルラー電話（9436）	JQ	3,830	3.55	11.37

●図4.7　ハウスコムは東証一部昇格で株価が上がった

日足/2019.7〜2019.10

提供：ゴールデン・チャート社

円台前半で上下する動きをしていましたが、昇格発表後は1,500円を超える水準に上昇しました（図4.7）。東証一部昇格によって株価が上がった最近の例として、表4.3のような銘柄があります。

●表4.3　東証一部昇格で株価が上がった銘柄の例

銘柄（証券コード）	昇格発表直前の終値（円）	発表後1か月以内の高値（円）	高値までの上昇率（%）
ナルミヤ・インターナショナル（9275）	1,152	1,353	17.4
エプコ（2311）	1,160	1,443	24.4
エスプール（2471）	2,521	2,857	13.3
アイル（3854）	1,405	1,588	13.0
やまみ（2820）	2,200	3,080	40.0
日本社宅サービス（8945）	845	1,144	35.4
セグエグループ（3968）	1,280	1,440	12.5
日本ギア工業（6356）	424	504	18.9
ニーズウェル（3992）	713	848	18.9
ネットマーケティング（6175）	433	587	35.6

東証二部や新興市場の銘柄の注意点

　東証二部や新興市場の銘柄の中には、出来高が極めて少なく、注文してもなかなか約定しないものがあります。そのような銘柄では、成行で買い注文を出すと思わぬ高値で約定してしまう場合があります。逆に、売ろうとすると思わぬ安値になってしまう場合があります。

　また、東証一部銘柄と比べると、材料が出たときなどに売買が一方に偏り、**ストップ高やストップ安**になることも少なくありません。保有している銘柄がストップ高になれば嬉しいですが、逆にストップ安になると売りたくても売れない状況になります。場合によっては、ストップ安が数日続いて、その間に株価が大幅に下がってしまうこともあります。

　二部や新興市場の銘柄といっても、発行済み株式数や出来高が東証一部銘柄と遜色のないものから、かなり小さいものまでいろいろあります。

　このように、売買が少ないことから起きるリスクがありますので、この点は十分に確認して注意することが必要です。

4-3

景気の先行きを考えた上で投資判断をする

来年は東京五輪の年ですが、本書執筆時点では景気の先行きに不安定感があります。景気は株価に大きく影響しますので、常にその動向を注視していく必要があります。

これまで景気拡大が長く続いてきた

景気は拡大と後退を交互に繰り返します。これを「**景気循環**」と呼びます。日本では、内閣府経済社会総合研究所が景気の山と谷を判断して、景気循環がいつからいつまで続いたかを決めています。それによると、本書執筆時点の日本は、2012年11月の谷から景気拡大が続いていることになっていて、その期間はおよそ7年にわたります。

●表4.4 日本の第二次世界大戦後の景気循環

循環	谷	山	谷	拡大	後退
1		1951年6月	1951年10月		4か月
2	1951年10月	1954年1月	1954年11月	27か月	10か月
3	1954年11月	1957年6月	1958年6月	31か月	12か月
4	1958年6月	1961年12月	1962年10月	42か月	10か月
5	1962年10月	1964年10月	1965年10月	24か月	12か月
6	1965年10月	1970年7月	1971年12月	57か月	17か月
7	1971年12月	1973年11月	1975年3月	23か月	16か月
8	1975年3月	1977年1月	1977年10月	22か月	9か月
9	1977年10月	1980年2月	1983年2月	28か月	36か月
10	1983年2月	1985年6月	1986年11月	28か月	17か月
11	1986年11月	1991年2月	1993年10月	51か月	32か月
12	1993年10月	1997年5月	1999年1月	43か月	20か月
13	1999年1月	2000年11月	2002年1月	22か月	14か月
14	2002年1月	2008年2月	2009年3月	73か月	13か月
15	2009年3月	2012年3月	2012年11月	36か月	8か月
16	2012年11月			継続中	

第二次世界大戦後の景気循環の中では、今回の景気拡大は戦後最長になっています。比較的最近の第14循環（2002年１月〜2008年２月）も73か月の長さですが、それを上回る期間になりました（表4.4）。

景気の先行きが不安定になってきた

景気拡大が長く続いてきましたが、ここにきて景気の先行きが不安定になってきています。不安定要因がいくつかありますので、それらをまとめておきます。

●米中貿易戦争

世界の景気に大きな影響を与えていることとして、アメリカと中国の貿易戦争があります。

アメリカのトランプ大統領が、中国に対して巨額の貿易不均衡の是正を求め、その策として中国から輸入するさまざまな商品に**高関税**をかけました。そして、中国も報復措置としてアメリカから輸入する商品に高関税をかけました。

また、中国のファーウェイが通信機器にバックドア（秘密に通信するための入り口）などを仕込んでおり、安全保障上問題があるとして、ファーウェイ製品をアメリカから締め出し、日本などの同盟諸国にも同調するように要求しました。

その後、貿易戦争は一時休戦したり、合意点を探る交渉が行われたりしつつも、いまだ収束する気配は見えていない状況です。株式市場も米中貿易戦争の動向に強く左右されるようになっており、悲観的観測が高まると急落、悲観論が後退すると上昇、を繰り返しているような状況です。2019年にも２度の急落がありました（108ページ参照）。

2020年11月にアメリカの**大統領選挙**がありますが、そこでトランプ大統領が再選されるとすると、その後の４年間も米中貿易戦争が続くものと思われます。

●消費税の増税

日本国内の要因としては、2019年10月からの消費税の10％への増税があります（食料品のように８％の軽減税率が適用されるものもあります）。

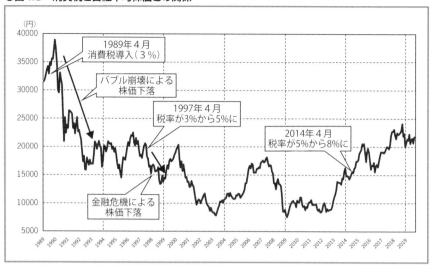

●図4.8　消費税と日経平均株価との関係

（円）

1989年4月
消費税導入（3％）

バブル崩壊による
株価下落

1997年4月
税率が3％から5％に

2014年4月
税率が5％から8％に

金融危機による
株価下落

　消費税が初めて導入されたのは、1989年4月でした。その頃はいわゆる
バブル景気の真っ最中でしたが、その後バブルが崩壊して景気が悪化し、日
本の株式市場は大きく下落しました。

　また、1997年4月に税率が3％から5％に上がりましたが、その年の
11月に山一證券が破綻するなど証券不況から**金融危機**が発生し、1998年
10月に日経平均株価が当時のバブル後最安値を更新するなど、混乱がしば
らく続きました（図4.8）。

　2014年4月に消費税が5％から8％に引き上げられたときは、アベノ
ミクスの大規模金融緩和などもあってか、景気にはあまり影響せず、その
後2015年夏頃まで株式市場は順調に推移しました。

　しかし、今回も景気が維持できるかどうかは、予断を許さないと思われ
ます。

●東京オリンピック後の停滞

　2020年に東京オリンピックが開催されるのに伴い、新国立競技場の建
設や各競技の整備など、**オリンピックに向けたインフラ整備**が行われてき
ました。このことも、ここ数年の景気拡大に寄与してきました。

しかし、裏返して考えてみれば、オリンピック後はそれらの需要がなくなり、景気に悪影響を与えると考えられます。実際、過去にオリンピックが開催された国で、オリンピック前後の景気の動向を見てみると、オリンピック開催後や、開催の前年あたりから、景気が悪くなり出す傾向が見られました。

　日本では1964年にも東京オリンピックが開催されましたが、1964年後半から1965年にかけて証券不況が起こり、株価が下落しています。

　2025年に開催が決まった**大阪万博**の招致や、横浜市、大阪市、和歌山県などが名乗りをあげているIR推進法（特定複合観光施設区域の整備の推進に関する法律）によるカジノを含む統合型リゾートの誘致なども、需要を創出して少しでも景気の落ち込みを回避しようとする思惑もあると思われます。

●日韓関係の悪化による消費低迷

　韓国が文政権になってから、日本に対して厳しい行動が次々と取られるようになりました。元慰安婦支援の「和解・癒し財団」の解散、自衛隊機への火器管制レーダーの照射、徴用工訴訟問題などが出てきました。

　そして、2019年7月に、日本が韓国を貿易管理上の「ホワイト国」から除外することを決めました。これに対して、韓国では**日本製品の不買運動**が起こったり、韓国からの**来日観光客が激減**したりしています。

　これらの問題によって、韓国との結びつきが強い企業を中心に、業績に悪影響が出ることは避けられません。日韓それぞれで政権が変わるまでの間は、この問題は続くものと思われます。

●少子高齢化の進展スピードが加速

　日本では少子高齢化が予測を上回る速度で進展しています。昭和48年生まれの約209万人をピークとする**団塊ジュニア世代**が40代後半に差し掛かり、出産期の女性が減少したことが大きな要因としてあります。2018年の出生数は90.8万人で2016年から100万人を割っており、2019年は90万人を割るとの予測もされています。

　総人口や生産年齢人口が減少する一方では需要も減り、経済規模が縮小すると危ぶまれています。

株価の低迷が長く続く可能性もある

　景気が悪化すれば、個々の企業の業績も悪化し、売上や利益が減って株価も下がります。

　1990年初期のバブル崩壊以降、景気の拡大／後退に沿って、株価も上下してきました。ただ、株価が一度下がりだすと、その後に低迷が長く続く傾向があります。

　近年の例だと、サブプライムローン問題が明らかになった2007年夏ごろに、株価の下落が始まりました。その後、2008年10月のリーマンショックを経て底を打ったものの、2011年3月に東日本大震災が起きたことなどから、安倍政権が発足する2012年秋までは低迷が続きました。

　日経平均株価が下がり始めてから反転するまでに、およそ5年もかかったことになります（図4.9）。

●図4.9　サブプライムローン問題後の株価低迷はおよそ5年続いた

株価の下落時や低迷期の対策はどうするか

前節で景気悪化の可能性について述べましたが、実際に景気が悪化した場合はどうすれば良いでしょうか？　いくつかの対策が考えられますので、それらも頭に入れておきましょう。

株価が下がっても保有を続ける

優良な高配当株・連続増配株であっても、景気が悪くなれば業績が悪化することは十分にあり得ます。そうなれば、株価にも悪影響が出ることは避けられません。また、業績が悪化すると、配当も減配されることがあります。特に、配当性向が高い銘柄では配当が維持できなくなり、減配になる可能性が高いでしょう。

●図4.10　花王は景気悪化で株価が低迷したがその後回復した

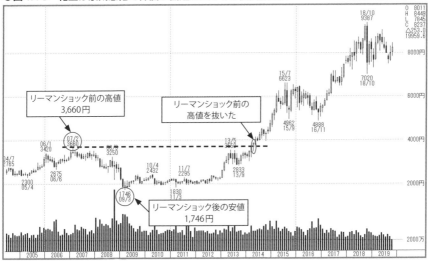

月足/2004.7〜2019.10

提供：ゴールデン・チャート社

4

景気動向に注意しながら中長期で考える

しかし、それまで**連続増配していた銘柄であれば、景気が回復すれば業績も戻って株価も上がり、やがては景気が悪化する前の株価の水準を超えていく可能性**が高いでしょう。

　例えば、連続増配株の代表である**花王（4452）**も、サブプライムローン問題からリーマンショックの頃には、株価が下落しました。2007年2月に高値で3,660円まで上昇していましたが、2009年3月には安値で1,746円をつけ、ほぼ半値になりました。

　しかし、アベノミクス以降は株価が順調に回復し、2014年4月には2007年2月の高値を上回りました。その後も上昇が続き、本書執筆時点では2007年2月の高値の2倍を超えています（図4.10）。

　このように、日本全体の景気が悪化して株価が低迷しても、そのまま保有を続けて景気回復を待つのが、1つ目の方法になります。

定期的に買い増しを続ける

　保有したまま待つよりも、早く含み損の状態から抜けだす可能性がある方法に、「定期的な買い増し」があります。株価の下落途上で買い増しするので平均買値が下がり、その後の株価上昇では利益が出やすくなります。

　買い増しする際の基本的な方法として「**ドルコスト平均法**」があります。ドルコスト平均法は、一定額ずつ買い増ししていく方法です。安い株価で多くの株数を買うことになり、平均買値をより下げる効果があります。

　例として、サブプライムローン問題前のピークから買い始めるものとして、ドルコスト平均法の効果を見てみます。ピークは2007年6月頃でしたので、2007年6月初めに花王の株を100万円分買ったとします。そして、その後は毎年6月初めに100万円分ずつ買い増していったとします。

　ただし、1株単位で買うと、100万円ぴったり買うことはできませんので、100万円で買える最大の株数を買ったものとします。

　ドルコスト平均法を行った結果は、図4.11のようになりました。株価が下がるにつれて、平均買値も下がっていき、2012年6月には2,287.6円まで下がっています。2007年6月に買ってそのまま持っていた場合と比べると、株価に大きく近づいていて、株価が上昇すれば利益が出やすくなっ

●図4.11　ドルコスト平均法で買うと平均買値を下げられる（各年6月）

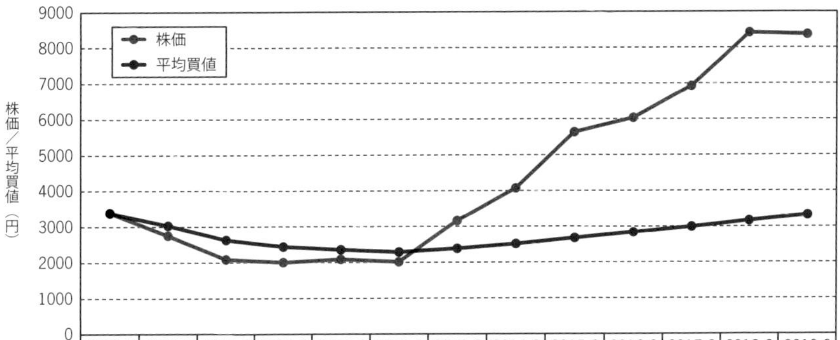

	2007.6	2008.6	2009.6	2010.6	2011.6	2012.6	2013.6	2014.6	2015.6	2016.6	2017.6	2018.6	2019.6
株価	3380	2745	2080	1993	2077	2006	3150	4064	5628	6025	6919	8413	8359
平均買値	3380.0	3029.3	2629.2	2434.9	2353.7	2287.6	2380.7	2510.8	2675.1	2831.9	2992.4	3161.3	3319.7

縦軸：株価／平均買値（円）、凡例：株価、平均買値

ていることがわかります。

　ただ、下落トレンドで買い増ししていくのは、相当な不安がつきまといます。優良な銘柄に絞らないと、なかなか買うのは難しいでしょう。

株価が底堅く配当が高い銘柄でしのぐ

　多くの銘柄の中には、業績があまり景気に左右されずに変動が小さく、リーマンショック以降株価があまり変化しておらず、なおかつ配当利回りがそこそこ高い銘柄がいくつかあります。

　景気が悪い間はそのような銘柄を保有して、配当を得ながら景気の回復を待つことも考えられます。

　例えば、クロスや不織布などのメーカーである**ダイニック（3551）**は、ここ10年は業績の変化があまりない状態が続いています。リーマンショック直後の2009年3月期は減配になりましたが、それ以後は記念配当を除き年25円の配当を維持しています（図4.12）。

　株価の動きもあまり大きくはありません。リーマンショック時には底値で425円（株式併合を考慮した値）をつけたことがありますが、その時期を除けば概ね700円〜1,000円程度で上下しています。（図4.13）。

4

景気動向に注意しながら中長期で考える

●図4.12　ダイニックは業績変動が小さい（各年3月期）

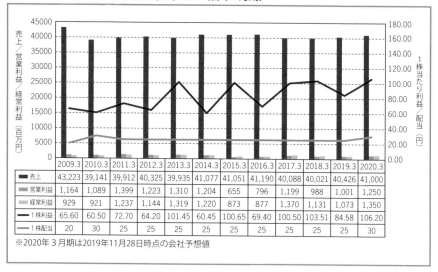

	2009.3	2010.3	2011.3	2012.3	2013.3	2014.3	2015.3	2016.3	2017.3	2018.3	2019.3	2020.3
■ 売上	43,223	39,141	39,912	40,325	39,935	41,077	41,051	41,190	40,088	40,021	40,426	41,000
□ 営業利益	1,164	1,089	1,399	1,223	1,310	1,204	655	796	1,199	988	1,001	1,250
□ 経常利益	929	921	1,237	1,144	1,319	1,220	873	877	1,370	1,131	1,073	1,350
— 1株利益	65.60	60.50	72.70	64.20	101.45	60.45	100.65	69.40	100.50	103.51	84.58	106.20
— 1株配当	20	30	25	25	25	25	25	25	25	25	25	30

※2020年3月期は2019年11月28日時点の会社予想値

●図4.13　ダイニックは株価の変動も比較的小さい

月足/2007.1～2019.10

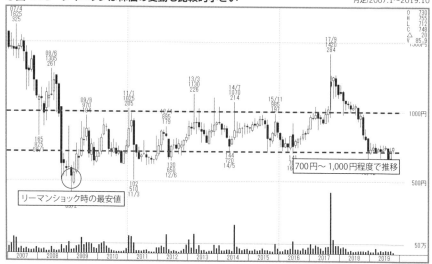

提供：ゴールデン・チャート社

　また、石油元売りの**JXTGホールディングス（5020）**は、業績は変動していますが（図4.14）、安定的に高配当を続けているためか、株価の動きは比較的安定しています。

ここ10年の株価の動きを見ると、2018年には一時的に約900円まで上昇しましたが、それ以外はほぼ400円～600円の間を上下しています（図4.15）。

●図4.14　JXTGホールディングスの業績の推移

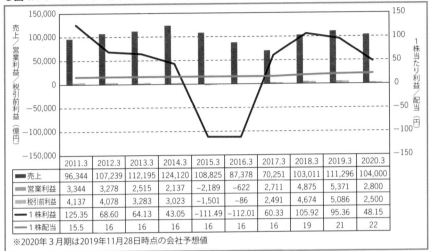

	2011.3	2012.3	2013.3	2014.3	2015.3	2016.3	2017.3	2018.3	2019.3	2020.3
■ 売上	96,344	107,239	112,195	124,120	108,825	87,378	70,251	103,011	111,296	104,000
■ 営業利益	3,344	3,278	2,515	2,137	-2,189	-622	2,711	4,875	5,371	2,800
■ 税引前利益	4,137	4,078	3,283	3,023	-1,501	-86	2,491	4,674	5,086	2,500
― 1株利益	125.35	68.60	64.13	43.05	-111.49	-112.01	60.33	105.92	95.36	48.15
― 1株配当	15.5	16	16	16	16	16	16	19	21	22

※2020年3月期は2019年11月28日時点の会社予想値

●4.15　JXTGホールディングスの株価の動き　　月足/2010.5～2019.11

400～600円程度で推移

提供：ゴールデン・チャート社

短期売買を組み合わせる

　株価が長期的に下落傾向になっても、ひたすら下がり続けるわけではなく、一時的に株価が戻る局面もあります。そのようなときに買い、**短期の上昇を狙って利益を上げる**ことも考えられます。

　108ページで述べたように、年に1～2回程度、市場全体が大幅に下落することがあります。この現象は、長期的な下落局面や停滞局面の途中でも起こり得ます。

　例えば、2011年3月11日に東日本大震災が起こったときには、一時的に株価が急落し、日経平均株価の下落率は10%を超えました。

　そして、市場全体が急落した後にはリバウンドで上昇することがよくあります。リバウンドは、期間が1～2か月程度、日経平均株価の上昇率は10%～20%程度になる傾向があります。

　このようなリバウンドを狙って短期売買し、わずかでも利益を得るのも1つの手です。ただ、底をピンポイントで狙うのは困難ですし、あまりリバウンドしないこともあり得ますので、**リスクが高いことを覚悟する必要**があります。

株価の下落で利益を得られる手法を取る

　一般的な株式投資では、株価が上昇することで値上がり益を得る形になります。しかし、株価が下がることで利益が得られる方法もあります。そういった方法を組み合わせて、株価下落による損失を埋めつつ、景気回復を待つことも考えられます。

●インバース（ベア）型ETFを利用する

　証券取引所に上場されていて、株と同じ方法で売買できる商品の中に、「ETF」（Exchange Traded Fundの略、日本語では上場投資信託）があります。ETFは、日経平均株価などの何らかの株式指数に連動して値段が変動します。

　ETFの中に、「インバース型」（または「ベア型」）と呼ばれるものがあります。これは対象の指数と逆の動きをするETFです。例えば、日経平均株

価を対象としたインバース型ETFの場合、日経平均株価が上がるとその
ETFの値段は下がり、逆に日経平均株価が下がるとそのETFの値段が上が
ります。

　株価下落局面で高配当株・連続増配株を保有しつつ、インバース型の
ETFも保有していれば、個別銘柄の方が下落してもETFの方は上昇するの
で、両者の損益をある程度相殺することができます。

●空売りを併用する

　「空売り」を使う方法もあります。空売りは誰かから株を借りて売り、後
で買い戻して返すという手法です。株価が高いときに空売りし、安くなっ
てから買い戻すことで、株価下落時に利益を上げることができます。

　例えば、ある銘柄の株価が1,000円のときに空売りし、800円まで下が
った時点で買い戻せば、差額の200円が利益になります（図4.16）。

　なお、空売りの詳細については、拙著「上手に稼ぐカラ売りテクニック」
をご参照ください。

●図4.16　空売りで株価下落時に利益を得る

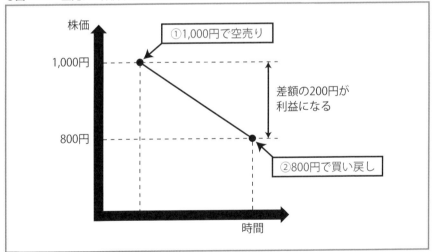

COLUMN

リーマンショックに耐えた銘柄もある

　2007年秋ごろから、アメリカでサブプライムローン（低所得者向けの住宅ローン）が問題になり、それが発端となって、2008年秋にリーマンショックが起こりました。2008年10月には、日経平均株価が12,000円付近から7,000円近くまで一気に暴落しました。

　サブプライムローン問題からリーマンショックにかけて、大半の銘柄の株価が大きく下がりました。しかし、中にはあまり影響を受けずに耐えた銘柄もあります。

　例えば、パン業界大手の**山崎製パン（2212）**は、市場全体が下がる中で逆行高を演じました。2007年夏頃の株価は800円でしたが、2008年夏に1,300円台まで上昇しました。

　リーマンショックに耐えたからといって、今後の株価下落局面でも耐えられるという保証はありません。ただ、株価下落局面での投資候補として頭に入れておいても良さそうです。

●山崎製パンの株価はリーマンショックに耐えた

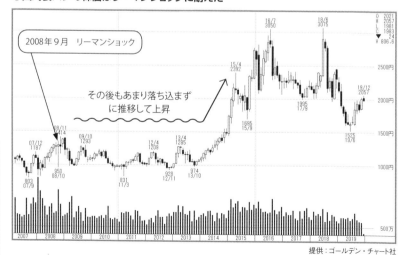

提供：ゴールデン・チャート社

第5章

業種と投資テーマから
見た銘柄選びの方法

5-1

銘柄選びの際は
業種やテーマも考慮する

　銘柄を選ぶときや将来に銘柄を入れ替える際などに、業種やテーマも考慮しておくと良いでしょう。

株は予想通りにいかないことも多い

　株式投資を長く続けている方であれば、「思ったように株価が上がらない」という経験を幾度もされていることでしょう。よく吟味して銘柄を選んだにも関わらず、思うようなパフォーマンスが出ないというのは、株では日常茶飯事です。

　高配当・連続増配株投資では、そのような銘柄でも持ち続けて、配当を得つつ値上がりを待つのが基本です。しかし、年単位で持ち続けてみてそれでも成果が得られないとなると、その銘柄をあきらめることも選択肢になってきます。

　また、順調に株価や配当が上がっている銘柄でも、その状態がずっと続くことはなかなかありません。業績が伸び悩んで、配当や株価が上がらなくなってくることもあります。

　そこで、年に1回など保有銘柄の見直しを行ってみて、状況が良くない銘柄を他の銘柄に入れ替えるのも、1つのやり方になります。

見直しの際に業種やテーマを考慮したい

　銘柄を見直す際に、個々の銘柄の成長性や配当の高さを検討することはもちろん必要です。しかし、それだけではなく、その銘柄が属する業種やその時々の市場のテーマに沿っているかどうかの点も、考慮したいところです。

　例えば、個別の銘柄としては良さそうであっても、その銘柄が属する業種が全体的に下落傾向なのであれば、その銘柄は見送った方が良いのでは

ないかと思われます。ちなみに、2019年は精密機器や電気機器の銘柄が好調だった一方、鉄鋼や電機・ガスの銘柄は不振でした（図5.1）

　また、将来性のあるテーマに属する銘柄であれば、当面は成長して株価や配当が上がることも期待できます。しかし、そうではない銘柄だと、多くの投資家から放置されて、配当はそこそこ良くても株価が上がらない状態になることも考えられます。

データを得る方法も知っておきたい

　業種やテーマを考慮して銘柄を選ぶ場合、「個々の業種の状況がどうなのか」「今の流行りのテーマは何なのか」「数年先はどうなのか」といった、業種やテーマに関する情報が必要になってきます。

　また、高配当株や連続増配株の場合だと、「平均的に配当が高い業種はどこか」ということも、知っておきたい情報です。

　そこで、業種やテーマの情報を得る方法についても、この後の節で順次紹介していきます。

●図5.1　業種によって株価の動きは大きく異なる（2019年1月1日を1として指数化）

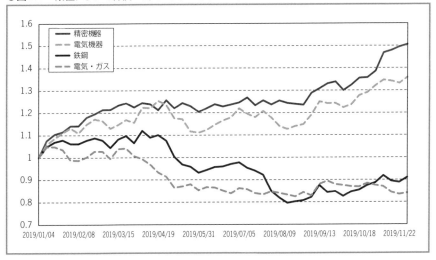

5-2

企業の業種別の
配当の傾向を見る

　配当政策は個々の企業によって異なりますが、業種による傾向もある程度みられます。このことを踏まえておきましょう。

業種を分類する方法

　業種を分類する方法はさまざま考えられますが、よく使われているものとして、**東京証券取引所の33業種分類と日本経済新聞の36業種分類**があります。ここでは、東京証券取引所の33業種分類を使います。表5.1の33業種に分類されています。

●表5.1　東京証券取引所の33業種分類

業種	銘柄数	業種	銘柄数
水産・農林業	7	精密機器	32
鉱業	6	その他製品	52
建設業	100	電気・ガス業	22
食料品	82	陸運業	43
繊維製品	41	海運業	8
パルプ・紙	12	空運業	3
化学	146	倉庫・運輸関連業	24
医薬品	39	情報・通信業	217
石油・石炭製品	9	卸売業	176
ゴム製品	11	小売業	201
ガラス・土石製品	33	銀行業	82
鉄鋼	31	証券・商品先物取引業	23
非鉄金属	24	保険業	9
金属製品	42	その他金融業	27
機械	142	不動産業	72
電気機器	158	サービス業	213
輸送用機器	62		

また、日本経済新聞の36業種分類では、以下のように分類されています（カッコ内は銘柄数、東証一部だけでなく二部／JASDAQ／マザーズを含む）。

水産（11）、鉱業（7）、建設（176）、食品（126）、繊維（48）、パルプ・紙（24）、化学（206）、医薬品（71）、石油（10）、ゴム（20）、窯業（57）、鉄鋼（45）、非鉄金属製品（128）、機械（233）、電気機器（254）、造船（5）、自動車（76）、輸送用機器（12）、精密機器（52）、その他製造（118）、商社（347）、小売業（265）、銀行（87）、証券（20）、保険（11）、その他金融（389）、不動産（135）、鉄道・バス（30）、陸運（36）、海運（13）、空運（5）、倉庫（39）、通信（38）、電力（13）、ガス（9）、サービス（1009）

東証33業種分類／日経36業種分類のどちらも、業種によって銘柄数に偏りがあります。例えば、東証33業種分類では、最少は空運業で3銘柄しかなく、銘柄数が1桁の業種が6個あります。それに対し、最多の情報・通信業では217銘柄もあり、銘柄数が3桁の業種が8個あります。

また、東証33業種分類／日経36業種分類とも、サービス業の銘柄数が多いです。ネット関係のさまざまなサービスが増え、それらの関係の企業がサービス業に分類されているために、このような偏りが生じています。

例えば、ネットショッピング大手の**楽天（4755）**は、東証／日経どちらの業種分類でもサービス業に分類されています。また、スマホゲームの「モンスターストライク」がヒットした**ミクシィ（2121）**も、東証／日経どちらもサービス業に分類されています。

業種ごとの配当利回り／配当性向の平均

各企業は同業他社と競争していて、他社の動向を気にしています。そのためか、配当利回りや配当性向の点でも、ある程度は同業他社を参考にしている感があり、業種によって傾向が出てきます。

業種ごとに今期予想配当利回りと配当性向の平均を求めてみたところ、それぞれ図5.2／図5.3のようになりました。

●図5.2　業種ごとの今期予想配当利回りの平均（2019年11月26日時点）

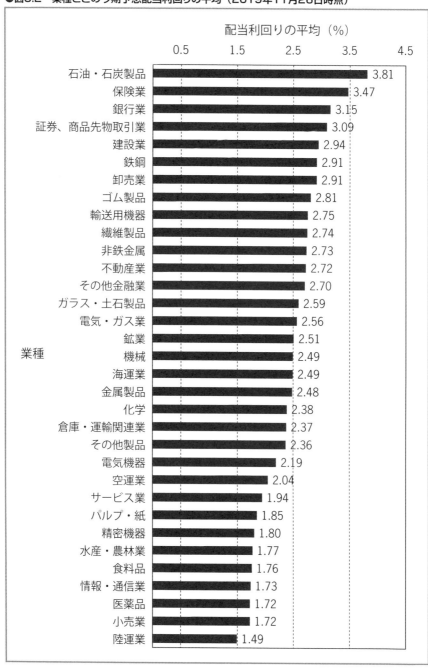

配当利回りの平均（%）

業種	値
石油・石炭製品	3.81
保険業	3.47
銀行業	3.15
証券、商品先物取引業	3.09
建設業	2.94
鉄鋼	2.91
卸売業	2.91
ゴム製品	2.81
輸送用機器	2.75
繊維製品	2.74
非鉄金属	2.73
不動産業	2.72
その他金融業	2.70
ガラス・土石製品	2.59
電気・ガス業	2.56
鉱業	2.51
機械	2.49
海運業	2.49
金属製品	2.48
化学	2.38
倉庫・運輸関連業	2.37
その他製品	2.36
電気機器	2.19
空運業	2.04
サービス業	1.94
パルプ・紙	1.85
精密機器	1.80
水産・農林業	1.77
食料品	1.76
情報・通信業	1.73
医薬品	1.72
小売業	1.72
陸運業	1.49

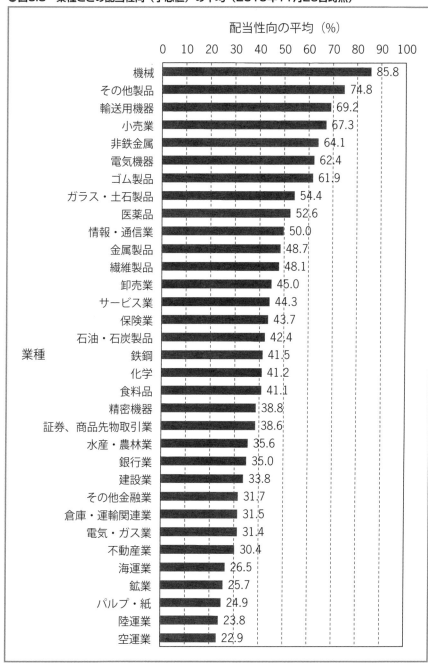

配当利回りが高い業種とその傾向

　図5.2では、配当利回りが高い順に業種を並べてあります。この結果をもとに、配当利回りが高い業種と、その傾向についてまとめます。

●第1位:石油・石炭製品

　配当利回りの平均が最も高い業種は、石油・石炭製品でした。銘柄数が少ないですが、一部の銘柄の配当利回りの高さで平均が引き上げられているというわけではなく、ほぼ全体的に高いといえます（表5.2）。

　また、図5.3を見ると配当性向の平均は42.4％で、高すぎるレベルではなく、無理に高い配当を出しているわけではないといえます。

　石油・石炭製品は、以前から配当利回りが高い傾向がありました。また、本書執筆時点ではPERが低い（＝利益の割に株価が安い）銘柄が多く、それも配当利回りを引き上げる原因になっています。

●表5.2　石油・石炭製品の主な銘柄の今期予想配当利回り（2019年11月27日時点）

銘柄（証券コード）	株価（円）	予想配当（円）	配当利回り（%）	配当性向（%）
JXTGHD (5020)	488.7	22	4.50	46.5
コスモエネルギー HD (5021)	2,389	80	3.35	11.2
出光興産 (5019)	3,000	160	5.33	48.3

●第2位:保険業

　第2位は保険業です。この業種も銘柄が少ないですが、配当利回りが3％を超えている銘柄が多く、全体的に高くなっています（表5.3）。各社ともに、リーマンショック以降は業績が改善してきていて、配当も引き上げています。

　配当性向は平均で43.7％とやや高めですが、高すぎるというレベルではありません。

　長い歴史のある大企業が多いので、比較的安定感はあります。ただ、低金利状態が今後も長く続くと、業績が伸び悩む可能性があります。

銘柄（証券コード）	株価（円）	予想配当（円）	配当利回り（%）	配当性向（%）
SOMPOHD（8630）	4,324	150	3.47	46.9
MS&ADインシュアランスグループHD（8725）	3,573	150	4.20	43.5
第一生命HD（8750）	1,775.5	62	3.49	31.3
東京海上HD（8766）	5,935	225	3.79	48.8

●第3位:銀行業

　銀行業は多くの銘柄がありますが、配当利回りが3％を超える銘柄が多数あり、全体的に平均が高くなりました。

　ただ、リーマンショック以降、低金利が続いているために銀行業は経営環境が厳しく、業績はあまり伸びていません（特に地方銀行は厳しさが増しています）。そのため、銀行株は全体的に不人気で、株価もリーマンショック直後の最悪期とあまり変わらない銘柄が多くなっています（図5.4）。

　一方、配当は徐々にではありますが引き上げ傾向で、相対的に配当利回りが高い状態になっています（表5.4）。

●図5.4　銀行業の業種別株価指数の動き

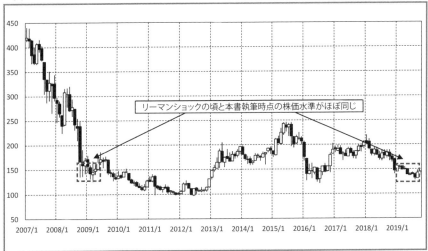

リーマンショックの頃と本書執筆時点の株価水準がほぼ同じ

5

業種と投資テーマから見た銘柄選びの方法

●表5.4　銀行業の主な銘柄の今期予想配当利回り（2019年11月27日時点）

銘柄（証券コード）	株価（円）	予想配当（円）	配当利回り（%）	配当性向（%）
三菱UFJFG（8306）	579.1	25	4.32	—
みずほFG（8411）	169.9	7.5	4.41	40.5
三井住友FG（8316）	4,018	180	4.48	35.5
りそなHD（8308）	464.3	21	4.52	30.2
あおぞら銀行（8304）	2,758	156	5.66	49.9
ゆうちょ銀行（7182）	1,060	50	4.72	69.4

※三菱UFJFGは2020年3月期の予想1株益を発表していないため、配当性向は未算出

　低金利状態はまだしばらく続きそうであり、その間銀行業は低迷が続くと思われます。そのため、高配当・連続増配株投資にはあまり向いていないと思われます。

●第4位～第6位

　第4位～第6位も大まかに見ておきます。

　第4位は**証券・商品先物取引業**ですが、業績予想を公表している銘柄が少なく、一部の銘柄によって平均が引き上げられた形になっていますので、あまり参考になりません。

　第5位は**建設業**です。東京オリンピックに向けた建設需要などがあり、このところは全体的に好調なので、配当利回りも良くなっています。ただ、東京オリンピック後は業績が伸び悩みそうであり、配当利回りを維持できるかどうかは微妙だといえます。

　また、第6位の鉄鋼業ですが、米中貿易戦争の影響などで業績悪化が予想され、大手の日本製鉄（5401）／JFEHD（5411）／神戸製鋼所（5406）ともに2020年3月期の業績予想を下方修正し、期末配当の予想値を出していません。他社も配当を維持できなくなる可能性がありますので、注意すべきといえます。

配当利回りが低い業種とその傾向

　配当利回りの平均が低い業種は、高配当・連続増配株投資にはあまり向いていないと考えられます。これらの業種の傾向も見ておきましょう。

●最下位:陸運業

本書執筆時点では、陸運業の配当利回りの平均が圧倒的に低くなっていました。

陸運業は、**JR東日本（9020）**などの鉄道会社と、**日本通運（9062）**などの運送会社から構成されます。運送会社の配当利回りはそれほど低くはありませんが、鉄道会社は全体的に低く、２％未満の銘柄が大半です。

鉄道会社は、業績の割に株価が高めで（＝PERが高め）、また図5.3の通り配当性向も低い傾向があるため、配当利回りが低くなっています。投資の対象としてはあまり良くありません。

ただ、鉄道会社は「MaaS」（173ページ参照）の中心になることが期待されますので、無視はできない存在です。

●第32位:小売業

小売業にも多くの銘柄があり、配当利回りは銘柄によってだいぶ差があります。配当利回りが５％を超えている銘柄もあれば、１％に満たない銘柄もあります。

ただ、全体的に配当性向が高く（図5.3参照）、無理をして配当を出している傾向が見えます。特に、紳士服販売の企業は、配当利回りが高いものの配当性向も高く、今後に減配のリスクがあります。

ちなみに、「洋服の青山」の**青山商事（8219）**は、2019年11月に、2020年３月期予想で創業以来初めての赤字予想を発表しています。

●第31位:医薬品

医薬品では配当利回りが３％を超えている銘柄がわずか１銘柄しかなく、平均的にみると配当利回りが低くなっています。

医薬品メーカーは景気変動の影響を受けにくいので、**ディフェンシブ株**に当たります。ディフェンシブ株は全般的に配当利回りが低い傾向があり、食料品も同様になっています。

ディフェンシブで株価や配当が下がりにくいのはメリットですが、高配当・連続増配株投資の対象としてはあまり良くありません。

ちなみに、第29位の**食料品**もディフェンシブ株ですが、このところ株価が全般的に上がっていて、相対的に配当利回りが下がっています。

注目の投資テーマを探る

　高配当株や連続増配株を選ぶ際に、将来性のある「テーマ」を考えて、その関連銘柄を探すのも1つの方法です。

テーマに関連する銘柄は株価が上がりやすい

　株価はさまざまな要因で上下しますが、大きな要因の1つに「**テーマ**」があります。あるテーマが注目されると、そのテーマに関連する銘柄に買いが集まり、株価が大きく上がることがあります。

　本書執筆時点でテーマの一例として、2019年9月12日にリリースされた「**ドラゴンクエストウォーク**」を取り上げます。ドラゴンクエストウォークは、ロールプレイングゲームのドラゴンクエストを、現実世界と結びつけたゲームです。あちこちを実際に歩き回り、各地のランドマークでモンスターと戦うという仕組みで、ポケモンGoと並ぶ位置情報ゲームとして期待されました。

　ドラゴンクエストウォークの配信が始まり好調な滑り出しを見せると、ドラゴンクエストウォークに関連する銘柄に買いが集まりました。中でも、実際の開発を担当した**コロプラ（3668）**が大幅高になり、2019年10月1日には高値で1,930円をつけ、上昇前の株価水準のおよそ3倍になりました（図5.5）。

注目されるテーマ

　ここまでで述べたドラゴンクエストウォークの例は、どちらかといえば短期的なテーマで、株価が一時的に大きく動くものだといえます。

　しかし、高配当・連続増配株投資でテーマを考える際には、**長期的に経済に影響を与え、それによって株価や配当が上がっていくようなものを選ぶ**ことが必要です。具体的なテーマの例をいくつか挙げます。

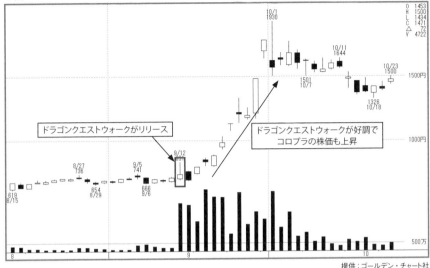

●図5.5 コロプラはドラゴンクエストウォーク関連銘柄として急騰　日足/2019.8〜2019.10

ドラゴンクエストウォークがリリース

ドラゴンクエストウォークが好調で
コロプラの株価も上昇

提供：ゴールデン・チャート社

　なお、各テーマに関連する銘柄も挙げますが、それらはあくまでテーマ株の例であり、必ずしも高配当・連続増配株投資向けというわけではありません。その点はご注意ください。

●AI

　長期的に最も重要なテーマとして、「AI」（Artificial Intelligence、日本語では人工知能）を欠かすことはできません。

　コンピュータの性能が格段に向上し、大量のデータを実用的な時間で処理できるようになったことで、ここ数年でAIは大きく進歩しました。現状のAIでは、画像認識や音声認識など、大量のデータの中から特定のパターンを見つけ出すことを、高い精度で行うことができるようになっています。AIはさまざまな分野に活用することができ、今後ますます発展するものと思われます。

　大半の銘柄がAIの恩恵を受けることになりますが、特にAI関係の開発を行っている電機メーカーやソフトメーカーにメリットが大きいと思われます（表5.5）。例えば、**NEC（6701）**は生体認証に強く、顔認証や指紋認証では世界No.1の精度を誇っています。

●表5.5　AIによる恩恵を受けそうな銘柄（2019年11月27日時点）

銘柄（証券コード）	AIに関連する事業分野	株価（円）	予想配当（円）	配当利回り（%）
NEC（6701）	生体認証	4,455	60	1.35
日本サード・パーティ（2488）	画像認識	1,072	21	1.96
サイバーリンクス（3683）	画像認識	1,161	16	1.38
東芝テック（6588）	音声認識	4,340	60	1.38
コラボス（3908）	音声認識	792	—	—
ロゼッタ（6182）	自動翻訳	4,050	0	0.00

※コラボスは予想配当を発表していない

●キャッシュレス決済

　2019年のキーワードの１つとして、「**キャッシュレス決済**」があります。買い物をした際に、現金（キャッシュ）を使わずにその他の方法で支払うのが、キャッシュレス決済です。

　日本では現金信仰が強く、キャッシュレス決済はあまり使われていません。しかし、海外を見てみると、現金よりもキャッシュレス決済が多用されている国が少なくありません。

　例えば、中国ではAlipayやWeChatPayを使ったスマートフォン決済が多用されています。またこれらの企業は、決済から得られた大量の購買データを活用して利益を上げるビジネスモデルを取っています。

　日本でも、政府がキャッシュレス決済を広げる政策を取るようになりました。2019年10月から消費税が10％に引き上げられましたが、2020年6月末まで、加盟店でキャッシュレス決済するとポイントが還元される制度を導入し、キャッシュレス決済の利用を促しています。

　キャッシュレス決済の中で、2019年はPayPayなどのスマホ決済が注目されました。本書執筆時点では、顧客獲得のためにキャンペーンが次々と行われていて、PayPayなどの各企業は大幅な赤字を出しています。

　スマホ決済が日本に根付けば、これらの企業も中国と同様に利益を上げられるようになると思われますので、それまで耐えられるかどうかがポイントになります。

銘柄（証券コード）	株価（円）	予想配当（円）	配当利回り（%）
ソフトバンク（9434）※	1,499	85	5.67
LINE（3938）	5,200	—	—
楽天（4755）	935	—	—
メルカリ（4385）	2,395	—	—

※PayPayはソフトバンクの持分適用会社　※ソフトバンク以外は予想配当を発表していない

●MaaS

　鉄道などの交通機関でどこかに行こうとすると、乗り継ぎの待ち時間が長かったり、複数の切符を買う必要があったりなど、面倒なことが起こります。このような、交通機関を使った移動の問題をより最適化しようというのが、「**MaaS**」です。

　MaaSは「Mobility as a Service」の頭文字をとった言葉で、移動（Mobility）を一体的なサービスとして使えるようにしようという仕組みを指します。多くの利用者から移動に関する情報を集め、**飛行機・鉄道・バス・カーシェアリングなどを組み合わせて、それぞれの利用者に最適な移動方法を提案**します。

　鉄道各社や自動車メーカーは、MaaSに向けた取り組みを進めています。例えば、**トヨタ自動車（7203）**は、自動車メーカーから「モビリティ・カンパニー」への脱皮を図っていて、移動に関するさまざまなサービスを提供しようとしています。

●表5.7　MaaS関連銘柄（2019年11月27日時点）

銘柄（証券コード）	MaaSに関連する事業分野	株価（円）	予想配当（円）	配当利回り（%）
トヨタ自動車（7203）	モビリティーサービス	7,690	—	—
東日本旅客鉄道（9020）	モビリティリンケージプラットフォーム	10,245	165	1.61
ジョルダン（3710）	経路案内ソフト	1,220	10	0.82
DeNA（2432）	タクシー配車アプリなど	1,771	—	—
システナ（2317）	車載向けソフト	1,760	20	1.14
PKSHA Technology（3993）	MaaS向けソフト	4,480	0	0.00

※トヨタ自動車とDeNAは予想配当を発表していない

また、乗換案内ソフトを開発している**ジョルダン（3710）**や、MaaSに積極的な**DeNA（2432）**などが恩恵を受けそうです（表5.7）。

●RPA

企業の業務の中で、必要ではあるものの直接的には利益を生まない業務（間接業務）があります（人事／総務／経理など）。そういった業務を自動化することができれば、コスト削減に役立ちますし、また昨今の人手不足にも対応することができます。

このような中で、「**RPA**」が注目されるようになってきました。RPAは「Robotic Process Automation」の略で、**一定のパターンがある業務（定型業務）を自動化すること**を指します。

RPA関係では、そのためのソフトウェアを開発している企業がもっとも恩恵を受けると思われます（表5.8）。

●表5.8　RPA関連銘柄（2019年11月27日時点）

銘柄（証券コード）	株価（円）	予想配当（円）	配当利回り（%）
RPAHD（6572）	1,281	—	—
シイエム・シイ（2185）	2,439	48	1.97
日本サード・パーティ（2488）	1,072	21	1.96
No.1（3562）	1,110	30	2.70
豆蔵HD（3756）	1,519	18	1.18

※RPAHDは予想配当を発表していない

●IoT

インターネットは今や当たり前になり、パソコンやスマートフォンをインターネットに接続するのはごく普通のことです。ただ、これまでにインターネットに接続されていなかったさまざまな「もの」も、インターネットに接続することで、より便利になります。

IoT（Internet of Things、もののインターネット）は、そのような考え方や、**それに基づいたさまざまな製品のこと**を指します。すでに、日常生活の中にさまざまなIoTが入っていて、今後も増えていきます。IoTは裾野が広く、IoT関連の開発を行う電子部品メーカーやソフトメーカーのほか、IoTを組み込む側の機械や自動車などのメーカーにも恩恵があります。

●表5.9　IoT関連銘柄の例（2019年11月27日時点）

銘柄（証券コード）	IoTに関連する事業分野	株価（円）	予想配当（円）	配当利回り（%）
さくらインターネット（3778）	IoT向けSIM	665	2.5	0.88
ピーバンドットコム（3559）	プリント基板	1,221	—	—
ミライトHD（1417）	スマートシティ	1,711	40	2.34
ネットワンシステムズ（7518）	スマートファクトリー	3,035	42	1.38

※ピーバンドットコムは予想配当を発表していない

●その他

ここまでに紹介したほかにもテーマはあります。長期的なテーマとして、表5.10のようなものを挙げることができます。

●表5.10　長期的なテーマの例

テーマ	概　要
シェアリングエコノミー	さまざまな資産を他の人に貸し出し、共有して活用する仕組みのことで、ここ数年で伸びている。民泊、クラウドファンディング、コワーキングスペースなどが該当。
5G	4Gと比べて通信速度が拡大し、これまでにできなかったようなサービスを実現することができる。通信キャリアや電機メーカー、ソフトメーカーなどが該当。
自動運転車	AIの進化に伴って、自動車の自動運転が徐々に現実化している。自動運転のためのハードウェア（センサー・カメラなど）やソフトウェアが該当。
災害・インフラ	道路や橋などのインフラの老朽化や、気候変動による災害の深刻化などに対応することが必要になっている。主に土木・建築関係の銘柄が該当。
環境・省エネ	地球温暖化など、環境問題は深刻化しているので、それに対する策になるものは投資対象になりうる。電気自動車、次世代充電池、脱プラスチックなどが該当。
スポーツ・ヘルスケア	高齢化社会に伴って、健康を維持するためのスポーツやヘルスケアの重要性が高まっている。スポーツ用品、スポーツジム、アンチエイジングなどが該当
3Dプリンター	3Dプリンターの精度が高まり、また利用できる材料が増えたことで、製品づくりに利用できるようになり、本格的な普及が見込まれる。3Dプリンター本体のメーカーや部品メーカー、出力用の素材のメーカーなどが該当。

注目テーマであっても投資には不適と思われるもの

さまざまなテーマの中で、投資にはあまり適していないと思われるものもあります。個別の銘柄の中には、光る銘柄も出てこないとはいえませんが、全体の特徴としては知っておいた方が良いでしょう。

●先細りしているもの

まず、ごく当たり前の話ですが、今後先細りしていくようなテーマは、投資には向きません。先細りすれば売上や利益が減っていき、配当も減っていきます。

例えば、今の日本では少子化が進み、子どもの数が予測を超える速さで減っています。そのため、子どもに関係する業界やテーマは、投資対象にはあまり向いていないと考えられます。具体的には、玩具類／子ども服／ベビー用品／学習塾などが挙げられます。

●コモディティ化したもの

「コモディティ化」が進んだものも、投資対象には向いていません。コモディティ（Commodity）は日本語では「日用品」を表し、「コモディティ化」は**「ありふれたものになっていくこと」**のような意味です。

コモディティ化したものは価格競争に陥り、薄利多売になっていきますので、利益を上げにくくなります。そういったものに関連する銘柄は利益が頭打ちとなり、今後は伸びにくいでしょう。

例えば**パソコン**です。かつては情報化の先端を行くものでしたが、今ではすっかりコモディティ化していて、価格競争に陥っています。**スマートフォン**や**タブレット**も同様で、これらのテーマは投資対象としてはあまり向いていません。

●新しいものに取って代わられたもの

時代の移り変わりで、それまで使われていたものが他のものに取って代わられて、使われなくなっていくこともよくあります。そのようなものに関連するテーマも、もちろん投資対象には向いていません。

例えば、**コンパクトデジタルカメラ**はかつてよく使われていましたが、今ではスマートフォンのカメラ機能に取って代わられ、売れなくなってしまいました。

　このほか、ネット通販に押されている**カタログ通販**や、インターネットで事足りるようになった各種の情報提供（**新聞**や**雑誌**など）も、投資対象には向いていません。

●その他

　ここまでで挙げた以外にも、投資対象に向いていないテーマがあります。

　例えば、**原子力発電**です。2011年の東日本大震災以降はリスクの高さが強く意識され、また太陽光発電などの再生エネルギーが伸びてきたこともあって、厳しい状況が続いています。

　ちなみに、**東芝（6502）**の経営が傾いたのも、原子力発電事業の失敗によるところが大きいといえます。

テーマは常に移り変わる

　株式市場では、テーマが注目されることがよくありますが、同じテーマが長く注目され続けることはあまりなく、テーマが移り変わっていく傾向があります。

　一時的にもてはやされたと思っていたら、しばらくすると誰も見向きもしなくなっているようなことも、少なくありません。

　そのため、株式市場の動向・状況をよく見て、今流行っているテーマが何なのか、また次に来そうなテーマが何なのか、ということも考えることが必要です。

　また、あるテーマが注目されると、それに関連するテーマに注目が移ることもあります。したがって、テーマどうしの関連性や、業種どうしの関連性についても、研究しておくべきだといえます。

5-4

業種やテーマの情報が
わかる便利な情報源

　業種ごとの傾向やテーマに関連する銘柄など、業種やテーマの情報を得る方法を紹介します。

業種ごとの特徴・傾向を見る

　業種ごとの傾向を表すデータはいくつかあります。まず、それらを得る方法を紹介します。

●業種ごとのPER／PBR平均

　40ページで解説した通り、業種ごとのPER／PBRの平均は東証のホームページで公開されています。アドレスは以下の通りです。

　https://www.jpx.co.jp/markets/statistics-equities/misc/04.html

●業種ごとの配当利回り平均

　業種ごとの配当利回りの平均については、筆者が知る限りでは簡単に見られるところはないようです。ただ、業種ごとの配当利回りのランキングであれば見られますので、平均もある程度見当がつきます。

　東証の33業種分類ごとの配当利回りランキングは、「投資の森」というサイトで見られます。以下のアドレスに接続し、ページの中の「業種別銘柄で探す」の部分で業種をクリックすると、表示されます。

　https://nikkeiyosoku.com/stock/search/

　また、日本経済新聞社の36業種ごとの配当利回りランキングは、日本経済新聞の「マーケット」のページで見られます。以下のアドレスに接続し、「業種別」の部分で業種をクリックします（図5.6）。

　https://www.nikkei.com/markets/ranking/page/

●図5.6　日本経済新聞のサイトで業種別の各種ランキングが見られる

出所：https://www.nikkei.com/markets/ranking/page/

●業種ごとの配当性向平均

　業種ごとの配当性向の平均も、簡単に見られるところはないようです。ただ、単独決算の実績値であれば、ランキングで見られます。

　前述した「みんなの株式」の以下のページに接続した後、ランキングの右上にある「表示条件」クリックすると、市場や業種を選べます。

　https://minkabu.jp/financial_item_ranking/payout_ratio

●業種ごとの株価指数

　業種ごとの株価の傾向は業種別株価指数のチャートで、ある程度判断ができます。これはいろいろなサービスで見られます。

　例えば、楽天証券に口座を持っている方であれば、楽天証券のツールである「MarketSpeedⅡ」でわかります。

●業界地図・業界天気図を見る

　業界ごとの大まかな動向を知る際に、「業界地図」や「業界天気図」が役に立ちます。

書籍としては、東洋経済新報社の「会社四季報業界地図」と、日本経済新聞社の「日経業界地図」があります。業界を170～180に細分化して、それぞれの業界の動向や、各業界に属する銘柄の相関図などを掲載しています。

　また、帝国データバンクなどが「業界天気図」という情報を出しています。各業界の今後が明るいかどうかを、晴れ／曇り／雨といったマークで示したものです。帝国データバンクの業界天気図は、以下のホームページで見られます。

　http://www.tdb-di.com/tdbreport/m_industry.htm

投資テーマの情報を得る

　テーマの種類やそれぞれのテーマに属する銘柄などの情報は、さまざまなホームページから得られます。

●テーマ株チェッカー

　「テーマ株チェッカー」は、さまざまなテーマを取り上げ、その動向や、そのテーマに関連する銘柄についての解説を行うサイトです。アドレスは以下の通りです。

　https://kabuchecker.com/

●投資の森

　業種別配当利回りランキングのところで紹介した「投資の森」では、テーマ別の配当利回りランキングも見られます。

　以下のアドレスに接続すると、テーマの一覧が表示されます。そこで見たいテーマをクリックすると、そのテーマに属する銘柄の配当利回りランキングが表示されます。

　https://nikkeiyosoku.com/stock/theme_ranking/

　ただ、個々の銘柄がそのテーマにどのくらい関連しているかは、手作業で個別に調べていくことが必要になります。

第**6**章

2020年も期待の
厳選高配当株18

銘柄選択の考え方とデータの見方

　ここまで高配当・連続増配株投資の進め方を解説してきましたが、「具体的にどの銘柄が良いかわからない」という声もあるかと思います。そこで本章では、高配当・連続増配株投資に適していると思われる銘柄を18個紹介します。

●銘柄選択の考え方

　この章では、多数の高配当株・連続増配株の中から、主に以下のような基準で銘柄を選びました。

　①本書執筆時点（2019年11月）の直近の決算で、業績が比較的堅調である

　②現状で配当利回りが高い（３％以上）か、今後配当が増えて高配当株になりそうである

　③PERやPBRが高すぎない

　上記のほか、「連続増配中か、減配していない（増配傾向である）」など、本書で紹介する高配当株・連続増配株の主な要素のいずれかに合致する銘柄も選びました。ただし、第４章でも述べたように、今後、景気悪化で株価が下落することも考えられますので、景気動向などにはよく注意する必要があります。

　各銘柄について、以下のデータを記載しています。なお、基準日は2019年11月29日としています。

●各銘柄のデータの内容

項　目	内　容
市場	上場している市場
業種	東証33業種分類での属する業種
決算期	毎年の決算が行われる時期
単元	1単元の株数
株価	2019年11月29日時点の終値
連結予想PER	基準日（2019年11月29日）の株価を、直近四半期決算での会社の予想1株益（連結）で割った値
連結PBR	基準日の株価を、直近本決算での1株当たり純資産（連結）で割った値
ROE	基準日の直近の本決算でのROE
ROA	基準日の直近の本決算でのROA
予想配当利回り	直近四半期決算での会社の予想1株配当を基準日の株価で割った値
配当性向（予想値）	直近四半期決算での会社の予想1株配当を予想1株利益で割った値
自己資本比率	基準日の直近の決算での自己資本比率
株主優待	株主優待の有無
当面の予想株価水準	本書執筆時点から1年程度の期間に株価が動くと思われる水準
業績／業績予想	4期分の連結本決算の業績数値と会社の今期予想値（2019年11月29日現在）。詳細は各企業の決算短信などを参照。「経常利益」「税引前利益」の列名は、直近決算の会計基準に合わせている

4732 ユー・エス・エス

中古車のオークション会場運営を行う企業。非常に高収益で、財務的にも優れている。1999年9月に上場して以来、連続増配を続けていて、しかも配当性向を徐々に高めている。2019年11月には、配当性向を55%に引き上げることを発表した。

市場：東証一部
業種：サービス業
決算期：3月末
単元：100株

株価：2,122 円
（2019.11.29）
連結予想PER：21.21倍
連結PBR：2.94倍
ROE：14.49%
ROA：11.23%
予想配当利回り：2.59%
配当性向：55.4%
自己資本比率：78.1%
株主優待：あり
当面の予想株価水準：
1,800円～2,500円

決算期	売上 （百万円）	営業利益 （百万円）	経常利益 （百万円）	当期純利益 （百万円）	1株益 （円）	1株配当 （円）
2016.3	68,607	34,491	35,218	22,477	86.92	40.8
2017.3	67,179	32,396	32,999	22,909	90.02	46.4
2018.3	75,153	36,071	36,676	24,285	95.59	47.8
2019.3	79,908	37,123	38,039	25,543	100.54	50.4
2020.3（予）	79,700	37,000	37,600	25,100	100.29	55.4

7466 SPK

自動車部品の卸売業。21期連続増配を達成していて、売上や利益も着々と伸ばしている。毎年小幅に増配して配当性向を徐々に引き下げ、現在では25%程度に抑えているので、よほどの業績が落ち込まない限りは減配することはなさそうである。

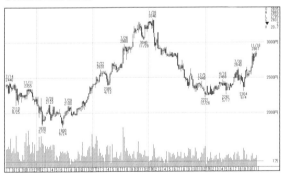

市場：東証一部
業種：卸売業
決算期：3月末
単元：100株

株価：2,831 円
（2019.11.29）
連結予想PER：9.77倍
連結PBR：0.81倍
ROE：8.76%
ROA：5.83%
予想配当利回り：2.47%
配当性向：24.2%
自己資本比率：66.7%
株主優待：なし
当面の予想株価水準：
2,500円～3,000円

決算期	売上 （百万円）	営業利益 （百万円）	経常利益 （百万円）	当期純利益 （百万円）	1株益 （円）	1株配当 （円）
2016.3	39,273	1,676	1,701	1,121	221.73	61.0
2017.3	37,900	1,722	1,746	1,187	236.48	63.0
2018.3	42,461	1,835	1,874	1,271	253.31	65.0
2019.3	42,885	1,925	1,918	1,421	283.01	67.0
2020.3（予）	43,500	1,960	1,940	1,455	289.78	70.0

9433　KDDI

携帯キャリアの一角。通信以外の事業にも力を入れていて、2015年3月期に売上でNTTドコモを追い抜いた。2020年3月期では当期純利益でもNTTドコモを上回る予想だ。2002年3月期以降、連続増配を継続している。配当に加え、株主優待も実施している（3,000円相当のギフトを選択）。

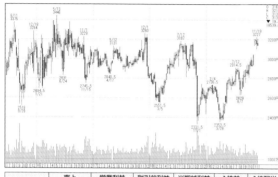

市場：東証一部
業種：情報・通信業
決算期：3月末
単元：100株

株価：3,139円
（2019.11.29）
連結予想PER：11.84倍
連結PBR：1.68倍
ROE：15.52%
ROA：8.88%
予想配当利回り：3.50%
配当性向：41.5%
自己資本比率：57.1%
株主優待：あり
当面の予想株価水準：
2,500円～3,500円

決算期	売上 （百万円）	営業利益 （百万円）	税引前利益 （百万円）	当期純利益 （百万円）	1株益 （円）	1株配当 （円）
2016.3	4,466,135	833,358	819,185	494,465	197.56	70.0
2017.3	4,748,259	912,976	895,897	546,658	221.65	85.0
2018.3	5,041,978	962,793	955,147	572,528	235.54	90.0
2019.3	5,080,353	1,013,729	1,010,275	617,669	259.10	105.0
2020.3（予）	5,200,000	1,020,000		620,000	266.09	110.0

※2020年3月期の税引前利益の予想は発表されていない

8593　三菱UFJリース

三菱UFJグループの1社でリース業大手の一角。2000年3月期以降連続増配を続けている。売上や利益は上下動があるが、傾向としては伸びている。本書執筆時点で株価が700円台なので、少額からでも比較的投資しやすい点もメリットだ。

市場：東証一部
業種：その他金融業
決算期：3月末
単元：100株

株価：703円
（2019.11.29）
連結予想PER：8.94倍
連結PBR：0.83倍
ROE：9.42%
ROA：1.21%
予想配当利回り：3.56%
配当性向：31.8%
自己資本比率：13.0%
株主優待：なし
当面の予想株価水準：
600円～800円

決算期	売上 （百万円）	営業利益 （百万円）	経常利益 （百万円）	当期純利益 （百万円）	1株益 （円）	1株配当 （円）
2016.3	825,845	88,272	92,672	54,631	61.45	12.3
2017.3	838,886	79,112	84,731	53,157	59.77	13.0
2018.3	869,948	79,285	86,177	63,679	71.57	18.0
2019.3	864,224	80,371	87,605	68,796	77.28	23.5
2020.3（予）	865,000	87,000	94,000	70,000	78.59	25.0

3844 コムチュア

システムインテグレーション業を行っている。2006年に上場して以来増配を続けている。特に、2013年3月期以降は売上や利益が伸び、配当も大きく増やしてきていて、過去10年で10倍以上になっている。2017年3月期以降は四半期ごとに配当を行っている。

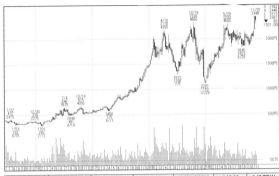

市場：東証一部
業種：情報・通信業
決算期：3月末
単元：100株

株価：2,367円
(2019.11.29)
連結予想PER：37.08倍
連結PBR：7.10倍
ROE：26.02%
ROA：16.74%
予想配当利回り：1.23%
配当性向：45.4%
自己資本比率：69.4%
株主優待：あり
当面の予想株価水準：
2,000円～3,000円

決算期	売上 （百万円）	営業利益 （百万円）	経常利益 （百万円）	当期純利益 （百万円）	1株益 （円）	1株配当 （円）
2016.3	11,349	1,293	1,295	823	28.31	11.0
2017.3	13,897	1,522	1,542	1,061	36.46	12.8
2018.3	16,383	1,968	2,010	1,395	47.85	16.2
2019.3	18,070	2,570	2,575	1,807	61.25	24.0
2020.3 (予)	20,000	2,880	2,874	2,021	64.68	29.0

2914 JT

たばこを中心に食品や医薬品も手掛けている。国内のたばこ事業は縮小気味で、それを海外事業で補完している。売上や利益はここ数年ほぼ横ばいだが、配当は増やしてきている。本書執筆時点では、東証一部銘柄の中で、普通配当の配当利回りがトップ（6%超え）になっている。

市場：東証一部
業種：食料品
決算期：12月末
単元：100株

株価：2,494.5円
(2019.11.29)
連結予想PER：13.04倍
連結PBR：1.73倍
ROE：14.20%
ROA：7.22%
予想配当利回り：6.17%
配当性向：80.5%
自己資本比率：48.2%
株主優待：あり
当面の予想株価水準：
2,000円～2,800円

決算期	売上 （百万円）	営業利益 （百万円）	税引前利益 （百万円）	当期純利益 （百万円）	1株益 （円）	1株配当 （円）
2015.12	2,252,884	565,229	565,113	485,691	270.54	118.0
2016.12	2,143,287	593,329	578,237	421,695	235.47	130.0
2017.12	2,139,653	561,101	538,532	392,409	219.10	140.0
2018.12	2,215,962	564,984	531,486	385,677	215.31	150.0
2019.12 (予)	2,170,000	505,000		340,000	191.36	154.0

※2019年12月期の税引前利益の予想は発表されていない

8591 オリックス

リースを中心に保険などの多くの事業を行っている。過去10年で売上が約3倍、1株益が約8倍、配当が約10倍になっている。2020年3月期は減益予想で本書執筆時点では株価が一服しているが、成長余地はまだありそうなので、今のうちに買っておくと良さそうだ。

市場：東証一部
業種：その他金融業
決算期：3月末
単元：100株

株価：1,792,5円
（2019.11.29）
連結予想PER：7.65倍
連結PBR：0.78倍
ROE：11.60%
ROA：2.74%
予想配当利回り：4.24%
配当性向：32.4%
自己資本比率：23.8%
株主優待：あり
当面の予想株価水準：
1,500円～2,000円

決算期	売上 （百万円）	営業利益 （百万円）	税引前利益 （百万円）	当期純利益 （百万円）	1株益 （円）	1株配当 （円）
2016.3	2,369,202	287,741	391,302	260,169	198.73	45.75
2017.3	2,678,659	329,224	424,965	273,239	208.88	52.25
2018.3	2,862,771	336,195	435,501	313,135	244.40	66.0
2019.3	2,434,864	329,438	395,730	323,745	252.92	76.0
2020.3（予）				300,000		76.0

※2020年3月期の業績予想は当期純利益のみ発表されている

8007 高島

建材などを扱う商社。太陽光発電関係にも強い。PERが5倍台と割安に放置されていて、配当利回りも5%近くになっている。業績変動が小さいので株価が大きく上がる可能性は低いが、2004年や2012年には4,000円付近まで上がったことがある。

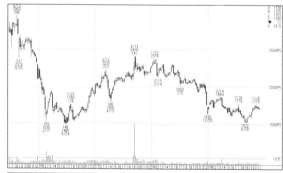

市場：東証一部
業種：卸売業
決算期：3月末
単元：100株

株価：1,706円
（2019.11.29）
連結予想PER：5.48倍
連結PBR：0.48倍
ROE：7.03%
ROA：2.54%
予想配当利回り：4.69%
配当性向：25.7%
自己資本比率：36.0%
株主優待：なし
当面の予想株価水準：
1,500円～2,000円

決算期	売上 （百万円）	営業利益 （百万円）	経常利益 （百万円）	当期純利益 （百万円）	1株益 （円）	1株配当 （円）
2016.3	91,230	1,687	1,753	1,122	248.50	70.0
2017.3	84,775	1,584	1,661	1,316	292.00	70.0
2018.3	85,310	1,638	1,847	1,325	294.76	80.0
2019.3	89,557	1,682	1,857	1,122	249.64	80.0
2020.3（予）	95,000	1,900	2,000	1,400	311.44	80.0

2768　双日

日商岩井とニチメンが統合した総合商社。商社株には配当利回りが高い銘柄が多いが、その中でも特に配当利回りが高い方だ（本書執筆時点で約5%）。本書執筆時点で株価が300円台なので、3万円程度と少額から投資できることもメリットだ。

市場：東証一部
業種：卸売業
決算期：3月末
単元：100株

株価：344円
（2019.11.29）
連結予想PER：5.97倍
連結PBR：0.72倍
ROE：11.69%
ROA：3.03%
予想配当利回り：4.94%
配当性向：29.5%
自己資本比率：26.9%
株主優待：なし
当面の予想株価水準：
250円～400円

決算期	収益 （百万円）	営業利益 （百万円）	税引前利益 （百万円）	当期純利益 （百万円）	1株益 （円）	1株配当 （円）
2016.3	1,658,072	29,242	44,269	36,526	29.20	8.0
2017.3	1,555,349	51,618	57,955	40,760	32.58	8.0
2018.3	1,816,459	59,838	80,343	56,842	45.44	11.0
2019.3	1,856,190	69,999	94,882	70,419	56.34	17.0
2020.3（予）				72,000	57.60	17.0

※2020年3月期の業績予想は当期純利益のみ発表されている

6113　アマダホールディングス

金属加工機械のメーカー。株主還元に力を入れていて、増配や自社株買いをよく行い、また配当性向50%を掲げている。ただし、リーマンショックの際には業績が大きく悪化したため、株価も本書執筆時点の4分の1程度にまで下がったことがある。景気の悪化には注意が必要。

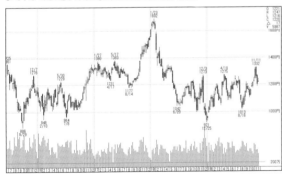

市場：東証一部
業種：機械
決算期：3月末
単元：100株

株価：1,220円
（2019.11.29）
連結予想PER：12.99倍
連結PBR：0.99倍
ROE：7.62%
ROA：5.95%
予想配当利回り：3.93%
配当性向：51.1%
自己資本比率：77.9%
株主優待：なし
当面の予想株価水準：
1,000円～1,500円

決算期	売上 （百万円）	営業利益 （百万円）	税引前利益 （百万円）	当期純利益 （百万円）	1株益 （円）	1株配当 （円）
2016.3	304,018	42,526	43,157	27,425	74.56	36.0
2017.3	278,840	33,030	34,307	25,894	70.85	42.0
2018.3	300,655	37,965	40,616	29,856	81.62	42.0
2019.3	338,175	45,316	47,913	33,420	91.82	46.0
2020.3（予）	335,000	47,000		33,500	93.94	48.0

※2020年3月期の税引前利益の予想は発表されていない

5108　ブリヂストン

減配なし　大型安定高配当

世界トップのタイヤメーカー。ここ数年は業績は安定しているが、増配してきていて、過去10年で配当が10倍になった。ただ、配当性向を20%〜40%を目途として、本書執筆時点ではほぼ上限に達しているので、売上や利益が伸びない限り今後の増配は小幅になりそうだ。

市場：東証一部
業種：ゴム製品
決算期：12月末
単元：100株

株価：4,375円
（2019.11.29）
連結予想PER：11.58倍
連結PBR：1.40倍
ROE：12.36%
ROA：7.46%
予想配当利回り：3.66%
配当性向：42.4%
自己資本比率：61.6%
株主優待：なし
当面の予想株価水準：
3,500円〜5,000円

決算期	売上 （百万円）	営業利益 （百万円）	経常利益 （百万円）	当期純利益 （百万円）	1株益 （円）	1株配当 （円）
2015.12	3,790,251	517,248	507,303	284,294	362.99	130.0
2016.12	3,337,017	449,548	432,534	265,550	339.04	140.0
2017.12	3,643,427	419,047	400,564	288,275	375.67	150.0
2018.12	3,650,111	402,732	381,132	291,642	387.95	160.0
2019.12（予）	3,490,000	330,000	315,000	275,000	380.60	160.0

1925　大和ハウス工業

減配なし　大型安定高配当

住宅や商業施設などを建築するメーカー。過去10年で売上が約2.5倍、1株当たり利益が約10倍に伸び、配当も約7倍になっている。配当性向は30%以上を目標としている。さらに、株主優待として大和ハウスグループのホテルなどの利用券も得られる（年当たり1,000円分）

市場：東証一部
業種：建設業
決算期：3月末
単元：100株

株価：3,349円
（2019.11.29）
連結予想PER：8.79倍
連結PBR：1.31倍
ROE：15.47%
ROA：5.67%
予想配当利回り：3.43%
配当性向：30.2%
自己資本比率：36.8%
株主優待：あり
当面の予想株価水準：
3,000円〜4,000円

決算期	売上 （百万円）	営業利益 （百万円）	経常利益 （百万円）	当期純利益 （百万円）	1株益 （円）	1株配当 （円）
2016.3	3,192,900	243,100	233,592	103,577	156.40	80.0
2017.3	3,512,909	310,092	300,529	201,700	304.14	92.0
2018.3	3,795,992	347,141	344,593	236,357	355.87	107.0
2019.3	4,143,505	372,195	359,462	237,439	357.29	114.0
2020.3（予）	4,350,000	383,000	378,000	253,000	381.05	115.0

回転すしチェーンのトップ企業。2009年4月にMBOを行っていったん上場廃止したが、2017年3月に東証一部に再度上場した。2017年9月期から配当を行っている。現状の配当利回りは低いが、海外展開を進めているので、成長性はまだありそうだ。

市場：東証一部
業種：小売業
決算期：9月末
単元：100株

株価：8,600円
（2019.11.29）
連結予想PER：24.44倍
連結PBR：5.27倍
ROE：22.58%
ROA：7.42%
予想配当利回り：1.05%
配当性向：25.6%
自己資本比率：34.7%
株主優待：あり
当面の予想株価水準：
7,000円～10,000円

決算期	売上 （百万円）	営業利益 （百万円）	税引前利益 （百万円）	当期純利益 （百万円）	1株益 （円）	1株配当 （円）
2016.9	147,702	7,509	4,692	3,184	90.11	0.0
2017.9	156,402	9,204	8,995	6,952	253.16	45.0
2018.9	174,883	11,718	11,508	7,991	276.93	85.0
2019.9	199,088	14,546	14,363	9,959	343.25	90.0
2020.9（予）	223,730	16,290	15,630	10,210	351.92	90.0

1,000円ヘアカットチェーン。2018年3月に上場したばかりで、配当も2018年6月期から始まった。出店余地はまだ残っているので、当面は順調に成長していきそうだ。配当性向はまだ20%に満たないので、長期保有して配当が増えるのを待ちたい。

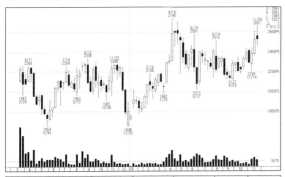

市場：東証一部
業種：サービス業
決算期：6月末
単元：100株

株価：2,527円
（2019.11.29）
連結予想PER：22.51倍
連結PBR：3.15倍
ROE：13.76%
ROA：5.32%
予想配当利回り：0.75%
配当性向：16.9%
自己資本比率：40.3%
株主優待：なし
当面の予想株価水準：
2,200円～2,800円

決算期	売上 （百万円）	営業利益 （百万円）	税引前利益 （百万円）	当期純利益 （百万円）	1株益 （円）	1株配当 （円）
2016.6	16,675	1,416	822	565	47.16	0.0
2017.6	17,971	1,502	1,417	1,023	85.27	0.0
2018.6	19,287	1,641	1,560	1,041	86.73	18.0
2019.6	20,864	1,969	1,895	1,272	102.64	19.0
2020.6（予）	22,342	2,200	2,112	1,403	112.42	19.0

6

2020年も期待の厳選高配当株18

3465　ケイアイスター不動産

本社が埼玉で関東圏に店舗網を持つ不動産会社。2015年12月に上場したばかりだ。業績は順調に拡大しており、増配を続けている。2019年1月に株価が3,000円を超えたが、本書執筆時点では2,000円前後まで下がって割安になっていて、配当利回りも4%を超えている。

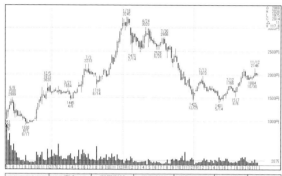

市場：東証一部
業種：不動産業
決算期：3月末
単元：100株

株価：2,014円
（2019.11.29）
連結予想PER：7.52倍
連結PBR：1.69倍
ROE：23.95%
ROA：4.89%
予想配当利回り：4.17%
配当性向：31.4%
自己資本比率：19.2%
株主優待：あり
当面の予想株価水準：
1,500円～2,500円

決算期	売上 （百万円）	営業利益 （百万円）	経常利益 （百万円）	当期純利益 （百万円）	1株益 （円）	1株配当 （円）
2016.3	38,749	2,734	2,447	1,653	130.10	35.0
2017.3	51,257	4,132	3,996	2,894	203.34	64.0
2018.3	64,107	5,298	5,283	3,393	238.87	71.0
2019.3	103,118	5,950	5,769	3,461	243.88	84.0
2020.3（予）	118,000	6,400	6,100	3,800	267.77	84.0

※2016年3月期は単独決算、2017年3月期以降は連結決算

8117　中央自動車工業

コーティング剤などの自動車用品の販売を行う企業。着実に成長していて、過去10年で1株益が約3倍になり、配当も2.5倍になった。1977年に大証二部に上場し、2013年からは東証二部の銘柄であるが、そろそろ東証一部昇格を期待したいところだ。

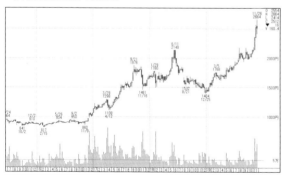

市場：東証二部
業種：卸売業
決算期：3月末
単元：100株

株価：2,512円
（2019.11.29）
連結予想PER：9.86倍
連結PBR：1.67倍
ROE：14.25%
ROA：11.75%
予想配当利回り：2.23%
配当性向：22.0%
自己資本比率：82.8%
株主優待：なし
当面の予想株価水準：
2,000円～3,000円

決算期	売上 （百万円）	営業利益 （百万円）	経常利益 （百万円）	当期純利益 （百万円）	1株益 （円）	1株配当 （円）
2016.3	16,952	2,465	2,757	1,869	103.71	33.0
2017.3	18,605	3,077	3,461	2,395	133.03	35.0
2018.3	20,154	3,423	3,847	2,727	151.42	41.0
2019.3	21,770	4,339	4,758	3,392	188.09	50.0
2020.3（予）	24,300	5,350	5,700	4,600	254.69	56.0

5020　JXTGホールディングス　株価安定高配当

JXグループと東燃ゼネラル石油が合併してできた石油元売りの国内トップ企業。株価の動きがかなり安定していて、大きく上がることは少ないが下がることも少ない。本書執筆時点で配当利回りは4.5%台で、安くなったときに買って長期保有するのに適している。

市場：東証一部
業種：石油・石炭製品
決算期：3月末
単元：100株

株価：486.6円
（2019.11.29）
連結予想PER：10.29倍
連結PBR：0.59倍
ROE：12.26%
ROA：3.81%
予想配当利回り：4.52%
配当性向：46.5%
自己資本比率：32.1%
株主優待：なし
当面の予想株価水準：
450円～550円

決算期	売上 （百万円）	営業利益 （百万円）	税引前利益 （百万円）	当期純利益 （百万円）	1株益 （円）	1株配当 （円）
2016.3	8,737,818	−62,234	−8,608	−278,510	−112.01	16.0
2017.3	7,025,062	271,138	249,115	150,008	60.33	16.0
2018.3	10,301,072	487,546	467,435	361,922	105.92	19.0
2019.3	11,129,630	537,083	508,617	322,319	95.36	21.0
2020.3（予）	10,400,000	280,000	250,000	155,000	48.15	22.0

9434　ソフトバンク　株価安定高配当

ソフトバンクグループ（9984）中核の携帯キャリアで、2018年12月に上場したばかりだ。傘下にZホールディングス（ヤフーが2019年10月から社名変更）やPayPayを擁し、キャッシュレス決済関連銘柄の1つでもある。配当利回りが5%を超えていて、株価が下がりにくいのがメリットだ。

市場：東証一部
業種：情報・通信業
決算期：3月末
単元：100株

株価：1,486円
（2019.11.29）
連結予想PER：14.81倍
連結PBR：6.46倍
ROE：43.84%
ROA：7.88%
予想配当利回り：5.72%
配当性向：84.7%
自己資本比率：21.6%
株主優待：なし
当面の予想株価水準：
1,400円～1,600円

決算期	売上 （百万円）	営業利益 （百万円）	税引前利益 （百万円）	当期純利益 （百万円）	1株益 （円）	1株配当 （円）
2016.3	3,410,595	644,046	607,387	399,520	97.4	102.0
2017.3	3,483,056	678,659	636,555	441,189	107.53	96.5
2018.3	3,547,035	641,935	601,315	412,699	100.55	181.4
2019.3	3,746,305	719,459	631,548	430,777	89.99	37.5
2020.3（予）	4,800,000	890,000		480,000	100.27	85.0

※2020年3月期の税引前利益の予想は発表されていない

■ 著者紹介

藤本 壱（ふじもと　はじめ）

1969年兵庫県伊丹市生まれ。神戸大学工学部電子工学科卒業後、パッケージソフトメーカーの開発職を経て、現在はマネーおよびパソコン関連の執筆活動のほか、ファイナンシャルプランナー（CFP®認定者）としても活動している。パソコンとプログラムを駆使した独自の詳細なデータ分析力には定評がある。

・ホームページアドレス　http://www.1-fuji.com/
・Blogアドレス　http://www.h-fj.com/blog/

【最近の投資・マネー関連の著書】

「実戦相場で勝つ! FXチャート攻略ガイド」「実戦相場で勝つ! 株価チャート攻略ガイド」「株初心者も資産が増やせる高配当株投資」「上手に稼ぐカラ売りテクニック」「個人投資家でも儲ける低位株投資」「Excelでできるらくらく統計解析」（以上、自由国民社）、「株式投資の分析＆シミュレーション完全入門」（技術評論社）、「プロが教える! 金融商品の数値・計算メカニズム」（近代セールス社）、「Excelで学ぶ会計と税務」（オーム社）など。

高配当・連続増配株投資の教科書

発　行	2020年1月6日	初版第1刷発行
	2020年2月1日	初版第2刷発行

著　者	藤本　壱
発行者	伊藤　滋
発行所	株式会社自由国民社
	〒171-0033　東京都豊島区高田3-10-11
	TEL　03（6233）0781（営業部）
	TEL　03（6233）0786（編集部）
	http://www.jiyu.co.jp/
本文DTP	有限会社中央制作社
印刷所	奥村印刷株式会社
製本所	新風製本株式会社

チャート提供	株式会社ゴールデン・チャート社
カバーデザイン	吉村朋子
本文イラスト	よぴんこ（yopinco）／ PIXTA（ピクスタ）